Max Lucado
Wenn Christus wiederkommt

Max Lucado

Wenn Christus wiederkommt

SCM Hänssler

SCM

Stiftung Christliche Medien

4. Auflage 2009
Bestell-Nr. 394.994
ISBN 978-3-7751-4994-5

Überarbeitete Nachauflage in neuer Rechtschreibung.
Dieses Buch erschien zuvor unter der Bestell-Nr. 393.911

© der Originalausgabe 1999 by Max Lucado
Published by Word Publishing. Word Publishing is a trademark of
Thomas Nelson, Inc. in Nashville, Tennessee.
Originally published in English under the title: When Christ comes
All Rights Reserved. This Licensed Work published under license.

© Copyright der deutschen Ausgabe 2003 und 2009 by
SCM Hänssler im SCM-Verlag GmbH & Co. KG · 71088 Holzgerlingen
Internet: www.scm-haenssler.de
E-Mail: info@scm-haenssler.de
Übersetzung: Herta Martinache
Umschlaggestaltung: oha werbeagentur gmbh, Grabs, Schweiz;
www.oha-werbeagentur.ch
Titelbild: shutterstock.de
Satz: typoscript GmbH, Kirchentellinsfurt
Druck und Bindung: CPI – Ebner & Spiegel, Ulm
Printed in Germany

Soweit nicht anders angegeben, sind die Bibelverse folgender Ausgabe
entnommen:
Neues Leben. Die Bibel, © Copyright der deutschen Ausgabe 2002 und
2006 by SCM Hänssler, D-71087 Holzgerlingen.
Weiter wurden verwendet:
Lutherbibel, revidierter Text 1984, durchgesehene Ausgabe in neuer
Rechtschreibung, © 1999 Deutsche Bibelgesellschaft, Stuttgart.
Hoffnung für alle®, Copyright © 1983, 1996, 2002 by International
Bible Society®. Verwendet mit freundlicher Genehmigung des Verlags.

**Meiner Mutter
Thelma Lucado**

Du hast mir nicht nur das Leben geschenkt –
du hast dich selbst geschenkt.

Ich liebe dich.

Inhalt

Dank 11

Wenn Jesus wiederkommt 13

1. »Vertraut, um den Rest kümmere ich mich.« –
   Wann kommt er? 19
   Der Gedanke an die Wiederkunft Jesu verunsichert mich. Ein Leben ohne Ende? Ein grenzenloser Raum? Und wie steht es mit Harmagedon, dem feurigen Pfuhl, dem Zeichen des Tieres? Muss ich das alles verstehen? Muss ich das alles gut finden?

2. Zielorientiert warten –
   Ein Tag, auf den man warten soll 27
   Manche Christen befassen sich so sehr mit den letzten Tagen, dass sie das Hier und Jetzt vergessen. Andere sind genau das Gegenteil. Sie sagen, dass Jesus wiederkommt. Doch sie leben, als würde das nie geschehen. Die einen sind überängstlich, die anderen zu geduldig. Gibt es einen Mittelweg?

3. Die Wiege der Hoffnung –
   Ein Tag des Beweises und Versprechens 33
   Ich bin eher ein vorsichtiger Typ. Ich will an Jesu Versprechen, dass er wiederkommen wird, glauben. Aber kann ich das? Wage ich es, den Worten eines kleinstädtischen Zimmermanns zu glauben, die vor zweitausend Jahren in einem fernen Land gesprochen wurden? Kann ich wirklich das glauben, was Jesus über seine Wiederkunft gesagt hat?

4. In die gütigen Arme Gottes –
   Ein Tag glücklichen Wiedersehens 41
   Wie steht es mit den Menschen, die mir nahe stehen und die gestorben sind? Wo sind sie jetzt? Was geschieht in der Zeit zwischen unserem Tod und Christi Wiederkunft?

5. Ein brandneues Du –
   Ein Tag der Verjüngung 49
   Was bedeutet all das Reden über einen neuen Leib? Ändern wir unseren Körper? Ist der neue anders als der jetzige? Werde ich andere wiedererkennen? Wird mich jemand wiedererkennen?

6. Neue Kleider –
   Ein Tag der Erlösung........................... 61
   Hier stehe ich am Eingang zum Himmel. Meine Familie geht hinein, meine Freunde gehen hinein, aber wenn ich an der Reihe bin, ist die Tür geschlossen. Wie kann ich wissen, dass ich nicht abgewiesen werde?

7. Schau, wer im Kreis der Gewinner ist! –
   Ein Tag der Belohnungen 71
   Ich kann verstehen, warum manche im Himmel Belohnungen erhalten – Märtyrer, Missionare, Helden. Aber wie steht es mit normalen Leuten wie mir? Kann ich mich auf irgendetwas freuen?

8. Du würdest es alles wieder tun –
   Ein Tag angenehmer Überraschungen 83
   Manchmal frage ich mich, ob mein Leben in dieser Welt ins Gewicht fiel. Werde ich das jemals wissen?

9. Der letzte Tag des Bösen –
   Ein Tag der Abrechnung........................ 91
   Und wie steht es mit dem Teufel? Was geschieht mit ihm, wenn Jesus wiederkommt? Wie widerstehe ich ihm bis dahin?

10. Konkrete Gnade –
Ein Tag ständigen Vergebens.................... 101
> Der Gedanke an den Tag des Gerichts beunruhigt mich. Alles, was ich jemals getan habe, wird offenbart werden, nicht wahr? Aber warum ist das nötig? Muss ich mich nicht schämen, wenn all meine geheimen Sünden öffentlich bekannt gemacht werden? Werde ich dadurch gedemütigt?

11. Die Vorwarnung der Liebe –
Ein Tag endgültiger Gerechtigkeit 115
> Meine Frage bezieht sich auf die Hölle. Gibt es die Hölle? Wenn ja, warum? Warum sollte ein liebender Gott Menschen in die Hölle schicken?

12. Jesus sehen –
Ein Tag freudigen Erstaunens 127
> Werden alle Menschen Jesus sehen? Und, vergib mir die Frage, warum sollte ich ihn sehen wollen? Kein Anblick ist für immer schön. Warum bildet Jesus eine Ausnahme?

13. Die Schwelle überschreiten –
Ein Tag unaufhörlichen Feierns 137
> Warum sollte Jesus für mich kommen? Verglichen mit anderen bin ich so mittelmäßig. Und ich habe so viele Fehler gemacht. Warum sollte er sich für mich interessieren?

Anmerkungen...................................... 151

Dank

Vor Jahren hörte ich eine nette, wahrscheinlich erfundene Geschichte über Mark Twain. Eine Sonntagsschullehrerin erzählte dem Schriftsteller, dass sein Name im Religionsunterricht aufgetaucht sei. Einer der Schüler versuchte, die Namen der Bücher des Neuen Testaments aufzusagen und begann: »Matthäus, Mark Twain, Lukas, Johannes.«

> *»Was halten Sie davon,*
> *Herr Twain?«, erkundigte sie sich.*
> *»Nun«, antwortete er,*
> *»seit Langem war ich in*
> *keiner besseren Gesellschaft.«*

Ich kann das Gleiche von mir behaupten. Beim Schreiben dieses Buches freute ich mich an der Gesellschaft von großartigen Kindern Gottes. Und einigen davon möchte ich ein paar Worte des Dankes sagen.

Meiner Herausgeberin Liz Heaney – wie viele Bücher haben wir schon gemeinsam zustande gebracht? Mehr als ein Dutzend! Immer in der Hoffnung, dass jedes besser wird als das vorhergehende. Jedes hat zweifellos mehr Spaß gemacht als das vorige. Danke für deine Hilfe und dafür, dass du nicht allzu laut über meine Fehler gelacht hast.

Meiner Assistentin Karen Hill – irgendwie machst du alles. Du leitest das Büro. Du hältst mir den Rücken frei. Du eilst mir zu Hilfe, wenn ich Schwierigkeiten habe. Dabei ist dir nie das Lachen vergangen oder die Energie ausgegangen. Du bist einmalig. Ganz, ganz herzlichen Dank.

Steve und Cheryl Green, Austin, Caroline und Claire – eure freundschaftliche Treue ist so sicher wie der Sonnenaufgang und der Sonnenuntergang. Danke, dass ihr für unsere Familie Jesus seid.

Steve Halliday – danke für eine weitere durchdachte Arbeitsanleitung, die den geistigen Horizont erweitert und das Herz herausfordert.

An die Mitarbeiter des Word-Verlages – kein Autor könnte sich einem besseren Team anvertrauen.

An die Oak Hills Gemeinde – welch ein Jahr! Ein neuer Standort, eine neue Einrichtung, ein neues Programm. Ich bin so froh, dass ihr euch für keinen neuen Prediger entschieden habt. Wir leben in einer Zeit der Gebetserhörungen. Ich bin ewig dankbar für das Vorrecht, jede Woche mit euch Gottes Wort teilen zu können.

Den Ältesten von Oak Hills – ich danke Ihnen für Ihre sorgsame seelsorgerliche Betreuung der Gemeinde, für Ihre brüderliche Liebe meiner Familie gegenüber, für Ihre beharrlichen Gebete für meine Arbeit.

Dem (wachsenden) Personal von Oak Hills – sie sind die Besten, und ich bin stolz darauf, zu euch zu gehören.

Victor und Tara McCracken – danke für einen mit Studien verbrachten Sommer. Willkommen in San Antonio.

Becky Rayburn, unserem Büro-Engel – Sie sind ein Geschenk Gottes!

Meinen Töchtern Jenna, Andrea und Sara – jede besucht eine andere Schule, aber alle sind in meinem Herzen. Ich liebe euch.

Und meiner Frau Denalyn – um mir seine Gnade zu zeigen, gab Gott mir das Kreuz. Dich schenkte Gott mir, um mir seine verschwenderische Großzügigkeit zu zeigen.

Und nun zu Ihnen, lieber Leser – ich tue mein Möglichstes, um Sie auf den folgenden Seiten zu begleiten: Ich werde kein Blatt vor den Mund nehmen, wenn ich etwas zu sagen habe, und wenn ich nichts zu sagen habe, werde ich den Mund halten. Wenn Sie zu irgendeinem Zeitpunkt Lust haben, das Buch zu schließen, um mit dem wahren Schöpfer zu sprechen, so tun Sie das bitte.

Wenn Sie zurückkommen, werde ich immer noch da sein.

Wenn Jesus wiederkommt

Sie sitzen in Ihrem Auto und fahren nach Hause. Mit den Gedanken sind Sie schon bei dem Fußballspiel, das Sie im Fernsehen anschauen wollen oder beim Abendessen, als plötzlich ein Klang ertönt, wie Sie ihn noch nie gehört haben. Der Klang kommt von hoch oben. Eine Posaune? Ein Chor? Ein ganzer Chor von Posaunen? Sie wissen es nicht, aber Sie wollen es wissen. Also fahren Sie an die Seite, halten an, steigen aus dem Auto und schauen nach oben. Sie sind nicht der einzige Neugierige. Der Straßenrand ist zum Parkplatz geworden. Autotüren stehen offen und die Menschen starren in den Himmel. Käufer strömen aus den Geschäften. Gegenüber wurde das Fußballturnier der Kinder abgebrochen. Spieler und Eltern betrachten angespannt die Wolken.

Nie zuvor hat ein Mensch so etwas gesehen. Es ist, als wäre der Himmel ein Vorhang, der sich langsam öffnet. Ein strahlendes Licht fällt auf die Erde. Nirgendwo ist Schatten. Von daher, wo das Licht kommt, sprudelt jetzt eine Farbenflut – funkelnde Kristalle in Millionen Farbtönen, wie sie noch nie zuvor gesehen wurden. Unzählige Heerscharen von Engeln kommen hinter den Vorhängen hervor, bis jedes Fleckchen Himmel ausgefüllt ist, der Norden, der Süden, der Osten, der Westen. Tausende von silbernen Flügeln bewegen sich im Gleichklang und zum Schall der Posaunen hört man die Cherubim und Serafim singen: »Heilig, heilig, heilig.«

Auf die letzte Gruppe von Engeln folgen vierundzwanzig Älteste mit silbernen Bärten und einer großen Schar, die in den Lobpreis der Engel einstimmen. Jetzt kommt die Bewegung zum Stillstand, die Posaunen verstummen, man hört nur noch das triumphierende »Heilig, heilig, heilig«. Zwischen jedem Wort liegt eine Pause. Jedes drückt tiefe Ehrerbietung aus. Ihnen wird bewusst, dass Sie mitsingen. Sie wissen nicht, warum Sie diese Worte mitsprechen, aber Sie können nicht anders.

Plötzlich wird alles still. Die Engel, die ganze Welt, Sie selbst drehen sich um – und da ist er. Jesus. Durch Wellen des Lichts sehen Sie Christus, den König, der sich als Silhouette gegen den Himmel abhebt. Er sitzt auf einem großen Hengst und dieser steht auf einer Wolke. Dann ruft er laut: »Ich bin das A und das O.«

Die Engel verbeugen sich, die Ältesten legen ihre Kronen nieder. Die Gestalt vor Ihnen ist so verzehrend, dass Sie augenblicklich wissen: Nichts anderes zählt mehr. Vergessen sind Wertpapierbörsen und Schulzeugnisse, Verkaufsverhandlungen und Fußballspiele. Nichts mehr ist berichtenswert. Alles, was von Bedeutung war, spielt keine Rolle mehr, denn Jesus ist wiedergekommen…

Ich frage mich, wie diese Worte auf Sie wirken. Wäre es nicht interessant, sich in einer Runde zusammenzusetzen und die Reaktionen der Menschen zu erfahren? Was würden wir hören, wenn wir Leute bäten, in einem Wort auszudrücken, was sie bei dem Gedanken an die Wiederkunft Jesu empfinden? Welches Wort würden Sie nennen?

Unbehagen? Wahrscheinlich eine häufig genannte Antwort. Es ist Ihnen zu Ohren gekommen, dass Ihre Fehler und Geheimnisse offenbart werden. Bücher werden geöffnet und Namen verlesen. Sie wissen, dass Gott heilig ist – und dass Sie nicht heilig sind. Wie könnte der Gedanke an Jesu Wiederkunft etwas anderes als Unbehagen auslösen?

Außerdem haben Sie in diesem Zusammenhang schon Ausdrücke gehört wie »das Zeichen des Tieres«, »der Antichrist«, »die Schlacht von Harmagedon«. Und wie steht es mit den »Kriegen und Kriegsgeschrei«? Und neulich gab einer im Fernsehen den Rat, alle Telefonnummern mit den Ziffern 666 zu meiden. In einem Zeitschriftenartikel wurde sogar ein bestimmter Senator als der Antichrist demaskiert. Unbehaglich, gelinde gesagt.

Vielleicht ist Unbehagen nicht das Wort Ihrer Wahl. *Ableugnung* trifft es vielleicht besser. (Oder vielleicht hilft

Ihnen Ableugnung dabei, mit Ihrem Unbehagen fertig zu werden?) Es ist unangenehm, im Unklaren zu sein. Wir wollen lieber Antworten und Erklärungen haben, und hinsichtlich der Endzeit scheint es an beiden zu mangeln. Folglich denken Sie lieber nicht daran. Warum sollte man sich den Kopf über etwas zerbrechen, das man nicht erklären kann? Wenn er kommt, ist es gut. Wenn er nicht kommt, dann ist es auch gut. Ich lege mich jetzt schlafen, denn morgen muss ich arbeiten.

Oder wie wäre es mit diesem Wort: *Enttäuschung?* Das erstaunt Sie vielleicht, wenn dieses Wort das ausdrückt, was Sie fühlen. Wer würde bei dem Gedanken an Jesu Wiederkunft Enttäuschung empfinden? Eine werdende Mutter vielleicht – sie will ihr Baby im Arm halten. Ein verlobtes Paar – sie wollen heiraten. Ein in Übersee stationierter Soldat – er will nach Hause, bevor er heimgeht.

Dies sind nur drei Beispiele, die aus den vielen Gefühlen herausgegriffen wurden, die durch den Gedanken an Jesu Wiederkunft geweckt werden. Manche Menschen sind vielleicht von einer Art *Zwangsvorstellung* befallen. (Das sind die Leute mit den Diagrammen und Geheimzeichen und den allein selig machenden Prophezeiungen.) *Panik.* (»Verkauft alles und rettet euch auf die Berge!«)

Ich frage mich, welche Einstellung Gott von uns erwartet. Die Antwort ist nicht schwer zu finden. In Johannes 14 sagte Jesus klar und deutlich: »Habt keine Angst! Ihr vertraut auf Gott, nun vertraut auch auf mich! ... Ich werde kommen und euch holen« (V. 1 und 3). Es ist eine ganz einfache Geschichte. Der Vater ist eine Zeit lang weggegangen. Aber er wird zurückkommen. Und bis dahin will er, dass seine Kinder unbekümmert leben.

Ich will, dass meine drei Töchter das auch tun.

Vergangene Nacht habe ich sie alleine gelassen. Ich ging weg, um dieses Buch fertig zu schreiben. Nach einem Kuss und einer Umarmung schloss ich die Tür hinter mir und versprach wiederzukommen. Wollte ich sie verlassen? Nein. Aber ich musste an diesem Buch arbeiten, denn der Herausgeber brauchte das Manuskript. Deshalb sitze ich hier, an einem abgeschiedenen Ort, und hämmere auf eine Computertastatur ein. Wir haben uns damit abgefunden, dass eine Zeit der Trennung erforderlich ist, damit ich mit der Arbeit fertig werde.

Empfinden wir Unbehagen, während wir getrennt sind? Möchte ich, dass sie meine Rückkehr fürchten? Nein.

Und wie steht es mit Ableugnen? Würde es mir gefallen, wenn ich erfahren müsste, dass sie während meiner Abwesenheit mein Bild von der Wand und meinen Teller aus dem Schrank genommen hätten und dass sie sich weigern, über meine Rückkehr zu sprechen? Wohl kaum.

Und wie steht es mit Enttäuschung? »Oh, ich hoffe, Papa kommt nicht vor Freitagabend. Ich will unbedingt auf diese Party gehen.« Bin ich als Vater so ein Miesmacher, dass meine Rückkehr allen Spaß verderben würde?

Nun, vielleicht bin ich es. Aber Gott ist es nicht. Und er will nicht, dass der Gedanke an seine Wiederkunft seine Kinder enttäuscht. Er ist auch von seiner Familie getrennt. Er hat auch versprochen wiederzukommen. Er schreibt zwar kein Buch, aber er schreibt Geschichte. Meine Töchter verstehen nicht alle Feinheiten meiner Arbeit und wir verstehen nicht alle Einzelheiten von Gottes Tätigkeit. Und was ist in der Zwischenzeit unsere Aufgabe? Vertrauen. Bald sind die letzten Kapitel abgeschlossen und dann steht er an der Tür. Aber bis es so weit ist, sagt Jesus: »Habt keine Angst. Ihr vertraut auf Gott, nun vertraut auch auf mich.«

Dies ist Gottes Wunsch. Dies ist auch das Ziel dieses Buches. Kein Buch kann alle Fragen beantworten. Kein Leser wird mit all meinen Vorschlägen einverstanden sein. (Einige lasen nur einige Zeilen der einleitenden Beschreibung der Wiederkunft und nahmen schon Anstoß an diesem oder jenem Satz.) Aber vielleicht benutzt Gott dieses Buch, um Ihnen Mut zu machen, unbekümmert mit dem Gedanken an seine Wiederkunft zu leben.

Möchten Sie über die Endzeit sprechen und danach ein besseres Gefühl haben? Brauchen Sie einige tröstliche Worte zur Wiederkunft Jesu? Ich denke, ich habe einige gefunden.

Beginnen wir unser Gespräch.

Habt keine Angst!
Ihr vertraut auf Gott, nun vertraut auch auf mich!
... Ich werde kommen und euch holen.

Johannes 14,1 und 3

1. Kapitel

»Vertraut, um den Rest kümmere ich mich.«

Wann kommt er?

Elternsein kann recht anstrengend sein. Wer hat schon Antworten auf alle Fragen, die Kinder stellen.

»Warum bekomme ich nicht noch einen jungen Hund?«

»Aber du hast doch auch mit achtzehn geheiratet. Warum soll ich es nicht tun?«

»Papa, was ist Viagra?«

Bei solchen Fragen gerät ein Gelehrter ins Stottern. Sie sind jedoch nichts verglichen mit der einen Frage, die Kinder während einer Reise stellen. Nach einer umfassenden Meinungsumfrage, die von Lucado und Freunden durchgeführt wurde (ich befragte ein paar Leute in der Eingangshalle), ermittelte ich die von Eltern gefürchtetste Frage. Wie lautet die eine Frage, die Vätern und Müttern am meisten zuwider ist? Es ist die Frage, die Fünfjährige während einer Reise stellen: »Wie weit ist es noch?«

Eltern sind bereit, sich mit kniffligen Problemen auf dem Gebiet der Geometrie und Sexualität auseinanderzusetzen, aber verschont sie mit der Frage: »Wie weit ist es noch?«

Es ist eine unmögliche Frage. Wie kann man mit jemandem über Zeit und Entfernung sprechen, der kein Verständnis für Zeit und Entfernung hat? Eltern, die noch Anfänger sind, nehmen an, die Tatsachen reichen aus: »Dreihundert Kilometer.« Aber was bedeuten Kilometer für ein Vorschulkind? Nichts! Sie hätten genauso gut chinesisch sprechen können. Also fragt das Kind: »Was ist dreihundert Kilometer?« Jetzt geraten Sie vielleicht in die Versuchung, technische Einzelheiten zu erläutern, und Sie erklären, dass ein Kilometer gleich tausend Meter ist, also sind dreihundert Kilometer dreihunderttausend Meter. Sparen Sie sich die Worte. Der Kleine hat längst abgeschaltet. Er sitzt ruhig da, bis Sie still sind, und dann fragt er: »Wie weit ist es noch?«

Die Welt eines Kindes ist so herrlich unbelastet von Kilometerzählern und Weckern. Sie können über Minuten und Kilometer sprechen, aber ein Kind kann damit nichts anfangen. Was soll man also tun? Die meisten Eltern werden kreativ. Als unsere Töchter klein waren, sahen sie gerne *Die kleine Meerjungfrau* an. Also benutzten Denalyn und ich den Film als einleuchtenden Maßstab. »Ungefähr so lange wie es dauern würde, um dreimal *Die kleine Meerjungfrau* anzuschauen.«

Ein paar Minuten lang schien das zu helfen. Aber früher oder später würden sie wieder fragen. Und früher oder später sagen wir, was alle Eltern schließlich sagen: »Vertraut mir. Freut euch an der Reise und macht euch über die Einzelheiten keine Gedanken. Ich sorge dafür, dass wir nach Hause kommen.«

Wir meinen das ernst. Wir wollen nicht, dass unsere Kinder sich mit den Einzelheiten abquälen. So treffen wir ein Abkommen mit ihnen: »Wir kümmern uns um alles. Vertraut uns nur.«

Kommt Ihnen das bekannt vor? Jesus sagte das auch zu uns. Kurz vor seiner Kreuzigung sagte er seinen Jüngern, dass er sie bald verlassen würde. »Wo ich hingehe, dahin kannst du jetzt nicht mitkommen; aber später wirst du mir dorthin folgen« (Johannes 13,36).

Eine solche Aussage musste unweigerlich einige Fragen aufwerfen. Petrus ergriff das Wort für die anderen und fragte: »Warum kann ich jetzt nicht mitkommen, Herr?« (V. 37).

Sehen Sie selbst, ob die Antwort Jesu nicht Ausdruck der Güte von Eltern gegenüber einem Kind ist: »Habt keine Angst. Ihr vertraut auf Gott, nun vertraut auch auf mich. Es gibt viele Wohnungen im Haus meines Vaters, und ich gehe voraus, um euch einen Platz vorzubereiten. Wenn es nicht so wäre, hätte ich es euch dann so gesagt? Wenn dann alles bereit ist, werde ich kommen und euch holen, damit ihr immer bei mir seid, dort, wo ich bin« (Johannes 14,1-3).

Kurz zusammengefasst könnte es folgendermaßen lauten: »Vertraut, um den Rest kümmere ich mich.« Ein heilsamer Rat, wenn es um die Wiederkunft Jesu geht. Viele Menschen bringen die Wiederkunft Jesu nur schwer in Zusammenhang mit *Vertrauen*.

Unser Vorschulverstand ist nicht den Gedanken an die Ewigkeit gewachsen. Mit einer Welt ohne Grenzen von Raum und Zeit können wir nichts anfangen. Folglich verhält sich unser Herr wie ein Vater oder eine Mutter: »Vertraut, um den Rest kümmere ich mich.« Genau das ist die Aussage dieser herzlichen Worte in Johannes 14. Denken wir doch etwas genauer darüber nach.

Alles, was er sagte, kann in zwei Wörtern zusammengefasst werden: *Vertraut mir.* »Habt keine Angst! Ihr vertraut auf Gott, nun vertraut auch auf mich!« (V. 1).

Seien Sie nicht beunruhigt wegen der Wiederkunft Jesu. Machen Sie sich keine Sorgen um Dinge, die Sie nicht verstehen können. Themen wie das Tausendjährige Reich oder der Antichrist sollen uns fordern und herausfordern, aber nicht niederdrücken und ganz bestimmt nicht Zwietracht unter uns säen. Für Christen ist die Wiederkunft Jesu kein Rätsel, das zu lösen, und kein Code, der zu knacken ist, sondern ein Tag, auf den man warten soll.

Jesus möchte, dass wir ihm vertrauen. Er möchte nicht, dass wir besorgt sind, also beruhigt er uns mit folgenden Wahrheiten.

Ich habe viel Platz für euch.

»Es gibt viele Wohnungen im Haus meines Vaters« (V. 2). Warum spricht Jesus von »vielen Wohnungen«? Warum betont unser Herr die Größe des Hauses? Sie können eine

Antwort auf diese Frage finden, wenn Sie an all die Male denken, in denen Sie das Gegenteil gehört haben. Haben Sie nicht schon einmal zu hören bekommen: »Hier ist kein Platz für dich«?

Hörten Sie an der Arbeitsstelle: »Tut mir leid, für Sie ist kein Platz in meinem Betrieb.«

Oder beim Sport: »Wir haben keinen Platz für dich in dieser Mannschaft.«

Von jemandem, den Sie lieben: »In meinem Herzen ist kein Platz für dich.«

Von einem Fanatiker: »Für Typen wie Sie ist hier kein Platz.«

Besonders traurig ist es, wenn Sie von einer christlichen Gemeinde gehört haben: »Sie haben zu viele Fehler gemacht. Wir haben keinen Platz für Sie.«

Zu den traurigsten Worten der Welt gehört: »Wir haben keinen Platz für dich.«

Jesus kannte den Klang dieser Worte. Er war noch nicht geboren, als der Gastwirt sagte: »Wir haben keinen Platz für euch.«

Sagten die Bewohner seiner Heimatstadt nicht das Gleiche, als sie versuchten, ihn zu steinigen? »Für Propheten ist kein Platz in dieser Stadt.«

Distanzierten sich die religiösen Führer nicht von ihm, als sie ihn der Gotteslästerung bezichtigten? »In diesem Land ist kein Platz für einen selbst ernannten Messias.«

Und als er am Kreuz hing, war das nicht der Inbegriff der Ablehnung? »Wir haben keinen Platz für dich auf dieser Welt.«

Heute noch wird Jesus genauso behandelt. Er geht von Herz zu Herz und bittet um Einlass. Aber meistens hört er die Worte des Gastwirts von Bethlehem: »Tut mir leid, alles besetzt. Ich habe keinen Platz für dich.«

Doch dann und wann wird er freundlich aufgenommen. Jemand reißt die Tür seines Herzens weit auf und bittet ihn zu bleiben. Diesem Menschen gibt Jesus ein großes Versprechen: »Habt keine Angst! Ihr vertraut auf Gott, nun vertraut auch auf mich! Es gibt viele Wohnungen im Haus meines Vaters.«

»Ich habe viel Platz für euch«, sagt er. Welch herrliche Zusicherung! Wir machen Raum für ihn in unserem Herzen und er macht Raum für uns in seinem Haus. In seinem Haus ist viel Platz.

Sein Haus hat noch mehr zu bieten:

Ich habe einen Platz für euch bereit.

»Ich gehe voraus, um euch einen Platz vorzubereiten« (V. 2). Vor einigen Jahren hielt ich eine Woche lang Vorträge in einer Gemeinde in Kalifornien. Die Gemeindemitglieder waren unglaubliche Gastgeber und Gastgeberinnen. Für alle Mahlzeiten war gesorgt, jede in einem anderen Haus, und in jedem Haus erwarteten mich ein voll gedeckter Tisch und wunderbare Gespräche beim Essen. Doch nach einigen Mahlzeiten fiel mir etwas Komisches auf. Es gab immer nur Salat. Ich habe nichts gegen Salat, aber eher als Beilage zum Hauptgericht. Doch egal wohin ich kam, das Hauptgericht war Salat. Kein Fleisch, kein Nachtisch, nur Salate.

Mein erster Gedanke war, dass dies etwas speziell Kalifornisches ist. Doch dann fragte ich einfach nach. Die Antwort verblüffte mich. »Wir haben gehört, dass Sie nur Salat essen.« Nun stellte ich die Dinge schnell richtig, aber ich fragte mich, wie ihnen solch eine abwegige Unterstellung zu Ohren gekommen war. Schließlich kamen wir darauf, dass es wohl an einem Missverständnis zwischen meinem und ihrem Büro lag.

Die Gastgeber meinten es gut, aber die Informationen waren schlecht. Erfreulicherweise konnten wir das Problem klären und uns dann an leckerem Fleisch gütlich tun. Noch erfreulicher ist, dass Jesus keinen solchen Fehler mit uns macht.

Er tut für uns, was meine kalifornischen Freunde für mich taten. Er bereitet einen Platz für uns vor. Doch hier liegt der Unterschied. Er weiß genau, was wir brauchen. Wir brauchen uns keine Sorgen darüber zu machen, dass wir uns langweilen oder müde werden könnten oder dass wir vielleicht einmal genug haben, immer dieselben Leute zu sehen oder dieselben Lieder zu singen. Wir brauchen sicherlich keine Angst davor zu haben, dass es immer nur Salat gibt.

Er bereitet den vollkommenen Platz für uns vor. Mir gefällt John MacArthurs Definition vom ewigen Leben: »Der Himmel ist der vollkommene Ort für Menschen, die vollkommen gemacht wurden.«[1]

Vertrauen Sie auf die Zusicherungen von Jesus. »Ich habe viel Platz für euch. Ich habe einen Platz für euch vorbereitet.«

Hier noch eine letzte Zusage von Jesus:

Es ist mir vollkommen ernst damit.

»Ich werde kommen und euch holen, damit ihr immer bei mir seid, dort, wo ich bin« (V. 3). Bemerken Sie im letzten Vers eine leichte Akzentverschiebung? Die ersten Sätze drücken Wärme und Herzlichkeit aus. »Habt keine Angst.« »Vertraut auf Gott.« »Es gibt viele Wohnungen.« In diesen Worten liegt Güte. Doch dann ändert sich der Ton ein wenig. Die Güte ist weiterhin zu erkennen, doch jetzt ist sie mit Gewissheit durchsetzt. »Ich werde zurückkommen ...«

George Tulloch legte eine ähnliche Entschlossenheit an den Tag. 1996 leitete er eine Expedition zu der Stelle, an der 1912 die Titanic versunken war. Er und sein Team bargen viele Gegenstände, von Brillen bis hin zu Schmuck und Geschirr. Bei seiner Erforschung entdeckte Tulloch, dass ein großes Stück des Rumpfes abgebrochen war und nicht weit vom Schiff lag. Tulloch erkannte sofort die Gelegenheit, die sich bot. Hier bestand die Möglichkeit, einen Teil des Schiffes selbst zu bergen.

Das Team machte sich daran, das zwanzig Tonnen schwere Stück aus Eisen zu heben und auf ihr Schiff zu laden. Es gelang ihnen, das Teil an die Oberfläche zu befördern, aber dann kam ein Sturm auf, die Seile rissen und der Atlantik forderte seinen Schatz zurück. Tulloch blieb nichts anderes als der Rückzug übrig. Doch bevor er wegging, tat er etwas Seltsames. Er stieg in die Tiefe hinunter und befestigte mit dem Roboterarm seines U-Bootes einen Metallstreifen an den Rumpfteil. Auf das Metall hatte er folgende Worte geschrieben: »Ich werde zurückkommen. George Tulloch.«²

Auf den ersten Blick ist diese Handlungsweise lustig. Er braucht wohl keine Angst zu haben, dass viele Leute sein Stück Eisen stehlen könnten. Erstens liegt es über viertausend Meter unter der Meeresoberfläche. Zweitens, nun, es ist Schrott. Wir fragen uns, warum jemand so begeistert davon ist.

Das Gleiche könnte man natürlich auch über Sie und mich sagen. Warum sollte Gott solche Anstrengungen unternehmen, um uns zurückzubekommen? Was sind wir ihm wert? Er muss seine Gründe gehabt haben, denn vor zweitausend Jahren stieg er auf der Suche nach seinen Kindern in die düsteren Gefilde unserer Welt hinab. Und auf alle, die sich damit einverstanden erklären, erhebt er Anspruch und bringt seinen Namen an. »Ich werde zurückkommen«, sagt er.

George Tulloch hielt Wort. Zwei Jahre später kehrte er zurück und barg das Stück Eisen.

Jesus wird das auch tun. Wir wissen nicht, wann er kommt, um uns zu holen. Wir wissen nicht, wie er uns holen wird. Und wir wissen eigentlich nicht einmal, warum er kommen sollte, um uns zu holen. Nun, wir haben unsere Ideen und Meinungen. Aber das Größte, das wir haben, ist Glauben. Den Glauben, dass er viel Platz hat, dass er einen Platz für uns bereit macht, und dass er zur rechten Zeit kommen wird, damit wir da sind, wo er ist.

Er kümmert sich um alles. Unsere Sache ist es, ihm zu vertrauen.

*Wenn aber alles um uns her
sich auf diese Weise auflösen wird,
wie viel mehr solltet ihr dann ein Leben führen,
das heilig ist und Gott ehrt! Ihr solltet diesen Tag
erwarten und ihn herbeisehnen – den Tag, an dem
Gott den Himmel in Brand setzt und die Elemente
in den Flammen zerschmelzen.*

2. Petrus 3,11-12

2. Kapitel

Zielorientiert warten

Ein Tag, auf den man warten soll

Es ist seltsam, wie die Bibel gewisse Begriffe mit verschiedenen Menschen in Zusammenhang bringt. Wenn man an Abraham denkt, fällt einem *Glaube* ein. Bei Mose stellt man sich vor seinem inneren Auge einen *Führer* vor. Das Bild des Paulus wurde von seinen *Schriften* geprägt und Johannes ist für seine *Liebe* bekannt. Interessanterweise denkt man bei Simeon nicht an Leitung, Predigten oder Liebe, sondern an *Warten*.

»In Jerusalem lebte ein Mann namens Simeon. Er war gerecht und gottesfürchtig. Simeon war vom Heiligen Geist erfüllt und *wartete* sehnsüchtig auf die Ankunft des Christus, der Israel Trost und Rettung bringen sollte.« (Lukas 2,25; Kursivschrift vom Autor).

Befassen wir uns etwas näher mit Simeon, dem Mann, der wusste, wie man auf die Ankunft Christi wartet. Die Art und Weise, wie er auf das erste Kommen des Messias wartete, ist ein Vorbild für uns, wie wir auf seine Wiederkunft warten sollen.

Simeon begegnet uns zum ersten Mal acht Tage nach der Geburt Jesu. Josef und Maria brachten ihren Sohn in den Tempel. Es ist der Tag, der für ein Opfer bestimmt war, der Tag der Beschneidung, der Tag der Hingabe. Aber für Simeon ist es der Tag des Feierns.

Stellen wir uns den weißhaarigen, runzligen Greis vor, der sich mühsam durch die Straßen Jerusalems bewegt. Die Leute auf dem Markt rufen seinen Namen, er winkt ihnen zu, bleibt aber nicht stehen. Die Nachbarn grüßen ihn, er erwidert ihren Gruß, hält sich aber nicht auf. Freunde plaudern an der Ecke, er lächelt, geht aber weiter. Er weiß, wo sein Platz ist, und er hat keine Zeit zu verlieren. In Vers 27 steht eine seltsame

Aussage: »An diesem Tag führte der Heilige Geist ihn in den Tempel.« Offensichtlich hatte Simeon nicht geplant, in den Tempel zu gehen. Gott jedoch hatte etwas anderes im Sinn. Wir wissen nicht, wie ihm die Eingebung gekommen ist – ein Anruf von einem Nachbarn, eine Aufforderung seiner Frau, ein leiser innerer Antrieb im Herzen –, wir wissen es nicht. Aber irgendwie wusste Simeon, dass er seinen Terminkalender wegräumen und die Golfschläger beiseitelegen sollte. »Ich denke, ich gehe in die Kirche«, verkündete er.

Von unserem Blickwinkel her verstehen wir die Eingebung. Ob Simeon sie verstand oder nicht, das wissen wir nicht. Wir wissen jedoch, dass dies nicht das erste Mal war, dass Gott ihm einen Fingerzeig gab. Mindestens noch einmal in seinem Leben hat er eine Botschaft von Gott erhalten.

»Der Heilige Geist hatte ihm offenbart, dass er nicht sterben würde, bevor er den vom Herrn gesandten Christus gesehen hätte« (V. 26).

Wir müssen uns fragen, welche Auswirkung eine solche Botschaft auf einen Menschen hat. Wie wirkt sich das Wissen auf Sie aus, dass Sie eines Tages Gott sehen werden? Wir wissen, wie es sich auf Simeon auswirkte.

Er »wartete fortwährend auf den Messias« (V. 25 wörtliche Übersetzung aus dem Englischen).

Er wartete auf die Rettung Israels (V. 25).

Er »wartete sehnsüchtig auf die Ankunft des Christus« (V. 25).

Simeon ist ein Mann voller Erwartung, ein Mann mit offenen Augen, der Ausschau hält nach dem, der kommen wird, um Israel zu retten.

Vielleicht wissen Sie, wie es ist, nach jemandem Ausschau zu halten, der gekommen ist, um Sie abzuholen. Ich weiß es. Wenn ich unterwegs bin, um irgendwo zu sprechen, weiß ich oft nicht, wer mich am Flughafen abholt. Jemand wurde geschickt, aber ich kenne die Person nicht. Also steige ich aus dem Flugzeug und suche nach einem Gesicht, das ich noch nie gesehen habe. Doch obwohl ich diesen Menschen nie gesehen habe, weiß ich, dass ich ihn finden werde. Vielleicht hat er meinen Namen auf einem Schild stehen oder mein Buch in der Hand oder einfach nur einen ratlosen Gesichtsausdruck. Wenn Sie mich fragen, wie ich denjenigen erkennen werde, der gekommen ist, um mich abzuholen, würde ich sagen: »Ich weiß es nicht, ich weiß nur, dass ich ihn erkennen werde.«

Ich wette, Simeon hätte das Gleiche gesagt. »Wie wirst du den König erkennen, Simeon?« »Ich weiß nicht. Ich weiß nur, dass ich ihn erkennen werde.« Und so sucht er. Wie Colombo sucht er nach Anhaltspunkten. Aufmerksam betrachtet er jedes vorbeieilende Gesicht. Er starrt in die Augen von Fremden. Er sucht nach jemandem.

Die griechische Sprache, die sehr reich an Ausdrücken ist, besitzt einen ganzen Komplex von Verben, die »schauen« ausdrücken. Eines bedeutet »aufschauen«, ein anderes »wegschauen«; eines wird gebraucht für »auf etwas schauen«, ein anderes für »in etwas hineinschauen«. Für »etwas aufmerksam anschauen« gibt es ein Wort, für »jemanden prüfend betrachten« ein anderes.

Von all den Formen für *schauen* drückt das Wort, das die Handlung von Simeon beschreibt, am besten die Bedeutung von »nach dem Kommenden Ausschau halten« aus: *prosdechomai*. *Dechomai* bedeutet »warten«. *Pros* bedeutet »nach vorn gerichtet«. Verbinden Sie beide und Sie erhalten das anschauliche Bild von »zielorientiert warten«. Das Deutsch ist vielleicht schlecht, aber das Bild ist großartig. Simeon wartete; er forderte nichts, er hatte es nicht eilig, er wartete.

Gleichzeitig wartete er *zielorientiert*. Geduldig wachsam. Ruhig und erwartungsvoll, mit offenen Augen und ausgestreckten Armen. Er suchte in der Menge nach dem richtigen Gesicht und hoffte, dass das Gesicht an jenem Tag auftauchte.

Das war der Lebensstil von Simeon, und der unsrige könnte auch so sein. Wurde uns nicht, wie Simeon, vom Kommen Christi berichtet? Sind wir nicht, wie Simeon, Erben eines Versprechens? Werden wir nicht vom selben Geist geleitet? Sehnen wir uns nicht nach demselben Gesicht?

Ganz bestimmt. In der Tat wird später im Lukasevangelium dasselbe Verb gebraucht, um die Haltung des wartenden Dieners zu beschreiben:

Haltet euch bereit und seid wach wie jemand, der auf die Rückkehr seines Herrn vom Hochzeitsfest wartet *[prosdechomai]*. Dann werdet ihr die Tür öffnen und ihn sofort hereinlassen können, wenn er kommt und anklopft. Gesegnet sind diejenigen, die vorbereitet sind und seine Rückkehr erwarten. Ich verspreche euch, er wird sie Platz nehmen lassen, sich eine Schürze umbinden und sie bedienen, während sie sitzen und essen (Lukas 12,35-37).

Bitte beachten Sie die Haltung der Diener: bereit und wartend. Bitte beachten Sie die Handlung des Herrn. Er ist so begeistert, dass seine Diener Ausschau nach ihm halten, dass er die Verhaltensweise eines Knechts annimmt und sie bedient! Sie sitzen beim Festmahl und werden von ihrem Herrn bewirtet! Warum? Warum werden sie so geehrt? Der Herr schätzt es, dass man seine Rückkehr erwartet. Der Herr belohnt die, die »zielorientiert warten«.

Beide Wörter sind entscheidend.

Erstens, wir müssen *warten*. Paulus sagt: »Aber wenn wir auf etwas hoffen, das wir noch nicht sehen, müssen wir mit Geduld und Zuversicht darauf warten« (Römer 8,25).

Simeon ist unser Vorbild. Er war von dem »noch nicht« nicht so sehr in Beschlag genommen, dass er das »Jetzt« verächtlich überging. Lukas berichtet, dass Simeon »gerecht und gottesfürchtig« (2,25) war. Petrus fordert uns auf, diesem Beispiel zu folgen:

»Doch der Tag des Herrn wird so unerwartet kommen wie ein Dieb. Dann wird der Himmel unter schrecklichem Lärm vergehen, und alles wird sich in Flammen auflösen; und die Erde wird mit allem, was auf ihr ist, dem Gericht ausgeliefert werden« (2. Petrus 3,10).

Wichtige Frage. Wie sollen wir unser Leben führen? Petrus sagt uns: »Wenn aber alles um uns her sich auf diese Weise auflösen wird, wie viel mehr solltet ihr dann ein Leben führen, das heilig ist und Gott ehrt. Ihr solltet diesen Tag erwarten *[hier ist wieder dieses Wort]* und ihn herbeisehnen – den Tag, an dem Gott den Himmel in Brand setzt und die Elemente in den Flammen zerschmelzen« (V. 11-12).

Hoffnung auf die Zukunft öffnet nicht der Verantwortungslosigkeit in der Gegenwart Tür und Tor. Lasst uns zielorientiert warten, aber lasst uns warten.

Für die meisten von uns besteht das Problem nicht im Warten. Oder vielleicht sollte ich sagen, Warten *ist* unser Problem. Wir sind so gut im Warten, dass wir nicht *zielorientiert* warten. Wir vergessen, Ausschau zu halten. Wir sind so geduldig, dass wir zufrieden sind. Es ist uns so behaglich zumute. Selten beobachten wir den Himmel. Wir gehen nur gelegentlich zum Tempel. Nur selten, wenn überhaupt, erlauben wir es dem Heiligen Geist, unsere Pläne zu durchkreuzen und uns ins Gebet zu führen, damit wir Jesus sehen können.

Der Herr richtete sich an diejenigen unter uns, die stark im Warten, aber schwach im Ausschauhalten sind, als er sagte: »Niemand kennt den Tag oder die Stunde, in der diese Dinge geschehen werden, nicht einmal die Engel im Himmel, und auch nicht der Sohn. Nur der Vater weiß es... Deshalb haltet euch bereit, denn ihr wisst nicht, wann euer Herr wiederkommt... Denn der Menschensohn wird kommen, wenn ihr es am wenigsten erwartet« (Matthäus 24,36.42.44).

Simeon schärft uns ein, »zielorientiert zu warten«. Geduldig wachsam. Aber nicht so geduldig, dass wir unsere Wachsamkeit verlieren. Und nicht so wachsam, dass wir unsere Geduld verlieren.

Am Ende wurde das Gebet Simeons erhört. »Er nahm das Kind auf seine Arme und lobte Gott und sagte: ›Herr, nun kann ich in Frieden sterben! Wie du es mir versprochen hast, habe ich den Retter gesehen, den du allen Menschen geschenkt hast‹« (Lukas 2,28-31).

Ein Blick auf Jesu Gesicht, und Simeon wusste, dass es Zeit war, heimzukehren. Ein einziger Blick auf das Gesicht unseres Retters und wir werden das Gleiche wissen.

*Es gibt aber eine Reihenfolge:
Christus zuerst, und wenn er wiederkommt,
dann die, die zu ihm gehören.*

1. Korinther 15,23

3. Kapitel

Die Wiege der Hoffnung

Ein Tag des Beweises und Versprechens

Während des Erdbebens in Armenien im Jahr 1989 wurde das Land innerhalb von nur vier Minuten dem Erdboden gleichgemacht; dreißigtausend Menschen kamen ums Leben. Kaum hatten die tödlichen Erdstöße aufgehört, eilte ein Vater zu einer Grundschule, um seinen Sohn zu retten. Als er ankam, sah er, dass das Gebäude in Trümmern lag. Als er auf die Stein- und Schuttberge sah, erinnerte er sich an ein Versprechen, das er seinem Kind gegeben hatte: »Egal was passiert, ich bin immer für dich da.« Von seinem eigenen Versprechen angetrieben, suchte er die Stelle, an der etwa das Klassenzimmer seines Sohnes lag, und begann, die Steine wegzuräumen. Andere Eltern kamen und weinten um ihre Kinder. »Es ist zu spät«, riefen sie dem Mann zu. »Du weißt, dass sie tot sind. Du kannst nicht helfen.« Sogar ein Polizist riet ihm, aufzugeben.

Doch der Vater hörte nicht auf sie. Acht Stunden, dann sechzehn, dann zweiunddreißig, sechsunddreißig Stunden lang grub er. Sein Hände waren wund, seine Kräfte aufgezehrt, aber er weigerte sich aufzuhören. Schließlich, nach achtunddreißig aufreibenden Stunden, schob er einen Steinbrocken beiseite und hörte die Stimme seines Sohnes. Er rief den Namen des Jungen: »Arman, Arman!« Und eine Stimme antwortete ihm: »Papa, ich bin's!« Dann fügte der Junge die unschätzbar wertvollen Worte hinzu: »Ich sagte den anderen Kindern, sie sollten sich keine Sorgen machen. Ich sagte ihnen, wenn du lebst, würdest du mich retten, und wenn du mich rettest, würden sie auch gerettet werden. Weil du mir versprochen hast: ›Egal was passiert, ich bin immer für dich da.‹«[1]

Gott hat uns das gleiche Versprechen gegeben. »Ich werde zurückkommen...«, sichert er uns zu. Ja, Felsen werden einstürzen und die Erde wird beben. Aber ein Kind Gottes braucht keine Angst zu haben – denn der Vater hat versprochen, uns zu holen, damit wir bei ihm sind.

Wagen wir es, diesem Versprechen Glauben zu schenken? Wagen wir es, seiner Treue zu trauen? Fragt nicht eine vorsichtige innere Stimme in uns, wie zuverlässig diese Worte sind?

Vielleicht werden Sie von keinen Zweifeln geplagt. Wenn dem so ist, können Sie eventuell dieses Kapitel überspringen. Andere jedoch brauchen ein paar Fingerzeige. Wie können wir wissen, dass er tun wird, was er sagte? Wie können wir glauben, dass er die Steine beiseiteschieben und uns befreien wird?

Weil er es bereits einmal getan hat.

Kehren wir doch zu jenem Augenblick zurück. Setzen wir uns auf den Boden und fühlen die Dunkelheit, lassen uns von der Stille erfassen und schauen mit den Augen unseres Herzens auf das, was wir in Wirklichkeit nie sehen konnten.

Gehen wir zum Grab, denn Jesus liegt im Grab.

Still. Kalt. Steif. Der Tod hat seine größte Trophäe gefordert. Jesus schläft nicht in dem Grab, er ruht sich dort nicht aus und liegt auch nicht im Koma; er liegt tot in dem Grab. Keine Luft in den Lungen, keine Gedanken in seinem Gehirn, kein Gefühl in den Gliedern. Sein Körper ist so leblos wie die Steinplatte, auf die er gelegt wurde.

Dafür haben die Scharfrichter schon gesorgt. Als Pilatus hörte, dass Jesus tot war, fragte er die Soldaten, ob sie sich dessen sicher sind. Sie waren sich sicher. Hätten sie gesehen, dass der Nazarener zuckte, hätten sie auch nur ein Stöhnen gehört, hätten sie ihm die Beine gebrochen, um sein Ende zu beschleunigen. Doch das war nicht nötig. Die Römer verstanden ihr Handwerk. Und ihre Aufgabe war erledigt. Sie zogen die Nägel heraus, nahmen den Leichnam vom Kreuz und übergaben ihn Josef und Nikodemus.

Josef von Arimathäa und Nikodemus, dem Pharisäer. Das waren mächtige und einflussreiche Männer, vermögend und angesehen. Doch für einen Atemzug Jesu hätten sie alles gegeben. Er hatte das Gebet ihres Herzens, das Gebet um den Messias erhört. So sehr die Soldaten ihn tot sehen wollten, so sehr wollten diese Männer, dass er lebt.

Während sie das Blut aus seinem Bart wuschen, horchten sie, ob er nicht doch noch atmete. Als sie das Tuch um seine Hände banden, hofften sie, einen Pulsschlag zu fühlen. Sie waren auf der Suche nach Lebenszeichen.

Doch sie fanden sie nicht.

Also taten sie mit ihm, was man damals mit einem toten Mann machte. Sie wickelten ihn in saubere Leintücher und legten ihn in ein Grab, in Josefs Grab. Römische Wachposten wurden aufgestellt, um die Leiche zu bewachen. Und ein römisches Siegel wurde auf dem Stein vor dem Grab angebracht. Drei Tage lang näherte sich niemand dem Grab.

Doch dann kam der Sonntag. Und mit dem Sonntag kam Licht – ein Licht im Grab. Ein helles Licht? Ein gedämpftes Licht? Ein aufblitzendes oder ein flackerndes Licht? Wir wissen es nicht. Aber es war Licht. Denn er ist das Licht. Und mit dem Licht kam Leben. Kaum war die Dunkelheit gebannt, wurde die Verwesung rückgängig gemacht. Jesus atmet. Seine Brust hebt sich. Die wächsernen Lippen öffnen sich, die starren Finger regen sich, Herzklappen pulsieren und Gelenke kommen in Bewegung.

Während wir uns das ausmalen, sind wir von Ehrfurcht ergriffen. Nicht nur aufgrund dessen, was wir sehen, sondern aufgrund dessen, was wir wissen. Wir wissen, dass auch wir sterben werden. Wir wissen, dass auch wir begraben werden. Unsere Lungen werden leer sein, wie seine. Unsere Hände werden erstarren, wie seine. Doch die Auferstehung seines Leibes und das Wegrollen des Steines ließ einen machtvollen Glauben erwachen: »Da wir in seinem Tod mit ihm verbunden sind, werden wir auch in der Auferstehung mit ihm verbunden sein. Unser früheres Leben wurde mit Christus gekreuzigt, damit die Sünde in unserem Leben ihre Macht verliert. Nun sind wir keine Sklaven der Sünde mehr. Denn als wir mit Christus starben, wurden wir von der Macht der Sünde befreit. Und weil wir mit Christus gestorben sind, wissen wir, dass wir auch mit ihm leben werden. Wir wissen dass, weil Christus von den Toten auferstand und nie wieder sterben wird. Der Tod hat keine Macht mehr über ihn« (Römer 6,5-9).

An die Thessalonicher schrieb Paulus: »Denn weil wir glauben, dass Jesus starb und wieder auferstanden ist, glauben wir auch, dass Gott durch Jesus alle verstorbenen Gläubigen wiederbringen wird, wenn Jesus kommt« (1. Thessalonicher 4,14).

Den Korinthern bestätigte er: »Die Menschen sterben, weil alle mit Adam verwandt sind. Ebenso werden durch Christus alle lebendig gemacht und neues Leben empfangen. Es gibt aber eine Reihenfolge: Christus zuerst, und wenn er wiederkommt, dann die, die zu ihm gehören« (1. Korinther 15,22-23).

Für Paulus und jeden Nachfolger Christi lautet das Versprechen einfach so: Die Auferstehung Jesu ist der Beweis und die Vorankündigung unserer Auferstehung.

Können wir diesem Versprechen Glauben schenken? Ist die Auferstehung Realität? Sind die Behauptungen des leeren Grabes wahr? Das ist nicht nur eine gute Frage. Es ist *die* Frage. Denn Paulus schrieb: »Wenn aber Christus nicht auferstanden ist, dann ist euer Glaube nutzlos, und ihr seid nach wie vor in euren Sünden gefangen« (1. Korinther 15,17). Mit anderen Worten: Wenn Christus auferweckt wurde, dann werden seine Jünger auch auferweckt werden; wenn nicht, dann sind seine Jünger Trottel. Die Auferstehung ist also der Eckstein des christlichen Glaubens. Wenn der Eckstein stabil ist, steht das Gebäude sicher. Wenn man ihn herausbricht, stürzt das Gebäude ein.

Der Eckstein ist jedoch nicht leicht aus den Fugen zu heben, denn wenn Jesus nicht im Grab ist, wo ist er sonst?

Manche spekulieren, dass er nie gestorben ist. Man dachte nur, dass er tot sei, aber in Wirklichkeit war er nur bewusstlos. Dann wachte er auf und verließ das Grab. Ehrlich, wie wahrscheinlich ist diese Theorie? Jesus erleidet Folter, Auspeitschen, Durst und Austrocknen, Nägel in Hände und Füße und zuletzt einen Speer in seine Seite. Könnte ein Mensch eine solche Behandlung überleben? Und wenn, könnte er dann eigenhändig einen riesigen Stein vom Grab wälzen und anschließend die römischen Wachposten überwältigen und fliehen? Geben Sie den Gedanken, dass Jesus nicht tot war, auf.

Andere beschuldigen die Jünger, sie hätten den Leichnam gestohlen, um die Auferstehung vorzutäuschen. Sie sagen, dass die Nachfolger Jesu – einfache Steuereinnehmer und Fischer – die erfahrenen und gut bewaffneten römischen Soldaten überfallen und so lange festgehalten hatten, bis sie den versiegelten Stein weggerollt und die Leiche ausgepackt hatten und entwischt waren. Das klingt nicht gerade einleuchtend. Aber auch wenn es so gewesen wäre, wenn die Jünger den Leichnam gestohlen hätten, wie erklären wir dann ihren Märtyrertod? Viele von ihnen starben um ihres Glaubens willen. Sie starben für ihren Glauben an den auferstandenen Herrn. Würden sie die Auferstehung vortäuschen und für einen Schwindel sterben? Ich denke nicht. Wir müssen John R.W. Stott recht geben, der schrieb: »Heuchler und Märtyrer sind nicht aus demselben Stoff gemacht.«[2]

Einige gehen so weit zu behaupten, die Juden hätten den Leichnam gestohlen. Ist es möglich, dass die Feinde Jesu seine Leiche weggenommen haben? Vielleicht. Aber warum sollten sie das tun? Sie wollen den Leichnam im Grab. Und wir könnten genauso schnell fragen: Wenn sie den Leichnam gestohlen haben, warum zeigten sie ihn dann nicht, stellten ihn nicht zur Schau? Wenn sie die Leiche des Zimmermanns auf eine Totenbahre gelegt und mit ihr im Triumphzug durch die Straßen Jerusalems gezogen wären, dann wäre die Bewegung Jesu wie eine Fackel im See verzischt. Aber sie zeigten die Leiche nicht. Warum nicht? Weil sie keine hatten.

Christi Tod war echt. Weder die Jünger noch die Juden nahmen seine Leiche weg. Wo ist sie also? Nun, in den vergangenen zweitausend Jahren haben Millionen Menschen die einfache Erklärung angenommen, die der Engel Maria Magdalena gab. Als sie das Grab besuchen wollte und es leer fand, wurde ihr gesagt: »Er ist nicht hier! Er ist von den Toten auferstanden, wie er es gesagt hat« (Matthäus 28,6).

Drei Tage lang verweste der Leichnam Jesu. Denken Sie daran, er lag nicht einfach da. Er verweste. Die Wangen sanken ein und die Haut wurde bleich. Doch nach drei Tagen wurde dieser Prozess rückgängig gemacht. Tief im Inneren des Grabes regte sich etwas ... und der lebendige Christus trat hervor.

In dem Augenblick, in dem er hervortrat, änderte sich alles. Paulus sagte: »Als Jesus von den Toten auferweckt wurde, war dies ein Zeichen dafür, dass der Tod nicht mehr das Ende von allem ist« (Römer 6,5-6; wörtliche Übersetzung aus dem Englischen).

Finden Sie diesen Satz nicht toll? »Es war das Zeichen dafür, dass der Tod nicht mehr das Ende von allem ist.« Die Auferstehung ist für alle aufrichtigen Sucher die anschauliche Verkündigung, dass es risikolos ist zu glauben. Es ist risikolos, an die letztendliche Gerechtigkeit, an den Ewigkeitsleib, an den Himmel als unser Erbe und die Erde als Eingangshalle dazu zu glauben. Es ist risikolos, an eine Zeit zu glauben, in der keine Fragen uns vom Schlaf abhalten und keine Schmerzen niederdrücken. Es ist risikolos, an offene Gräber und endlose Tage und echten Lobpreis zu glauben.

Da wir die Geschichte von der Auferstehung für wahr halten können, ist es risikolos, den Rest der Geschichte für wahr zu halten.

Durch die Auferstehung ändert sich alles.

Der Tod ändert sich. Er war immer das Ende; jetzt ist er der Anfang.

Der Friedhof ändert sich. Früher gingen die Menschen dorthin, um sich zu verabschieden; jetzt gehen sie hin und sagen: »Wir werden uns wiedersehen.«

Sogar der Sarg ändert sich. Der Sarg ist nicht mehr ein Kasten, in dem Leichen versteckt werden, sondern eher ein

Kokon, in dem der Leib aufbewahrt wird, bis Gott ihn zum Fliegen befreit.

Und eines Tages, so sagt Jesus, wird er uns befreien. Er wird zurückkommen. »Ich werde kommen und euch holen« (Johannes 14,3). Und um zu beweisen, dass sein Versprechen ernst zu nehmen ist, wurde der Stein beiseitegerollt und sein Leib auferweckt.

Denn er weiß, dass eines Tages diese Welt wieder beben wird. In einem Augenblick, schnell wie ein Blitz, wird er zurückkommen. Und jeder wird ihn sehen – Sie und ich. Körper werden den Staub auf die Seite schieben oder aus dem Meer auftauchen. Die Erde wird erzittern, der Himmel wird krachen, und diejenigen, die ihn nicht kennen, werden erschaudern. Doch Sie werden in dieser Stunde keine Angst empfinden, weil Sie ihn kennen.

Denn Sie haben, wie der Junge in Armenien, das Versprechen Ihres Vaters gehört. Sie wissen, dass er den Stein weggerollt hat – nicht den Stein des Erdbebens in Armenien, sondern den Stein vom Grab des Arimathäers. Und in dem Augenblick, in dem er den Stein wegrollte, räumte er auch alle Gründe für Zweifel aus. Und wie der Junge können wir den Worten unseres Vaters glauben: »Wenn dann alles bereit ist, werde ich kommen und euch holen, damit ihr immer bei mir seid« (Johannes 14,3).

Denn der Herr selbst wird mit einem lauten Befehl, unter dem Ruf des Erzengels und dem Schall der Posaune Gottes vom Himmel herabkommen. Dann werden zuerst alle Gläubigen, die schon gestorben sind, aus ihren Gräbern auferstehen. Und mit ihnen zusammen werden auch wir Übrigen, die noch auf der Erde leben, auf den Wolken hinaufgehoben werden in die Luft, um dem Herrn zu begegnen und in Ewigkeit bei ihm zu bleiben. Tröstet euch also gegenseitig mit diesen Worten!

1. Thessalonicher 4,16-18

4. Kapitel

In die gütigen Arme Gottes

Ein Tag glücklichen Wiedersehens

Falls Sie einen Beweis dafür brauchen, wie schwach Menschen sind, dann möchte ich Ihnen eine Szene vor Augen führen. Wenn Sie wieder einmal denken, die Leute sind arrogant geworden und können durch nichts mehr erschüttert werden, dann empfehle ich Ihnen den Besuch eines ganz bestimmten Ortes. Wenn Sie darüber bekümmert sein sollten, dass die Herzen zu hart und Tränen zu selten sind, dann möchte ich mit Ihnen an einen Ort gehen, wo die Knie der Männer schlottern und die Tränen der Frauen fließen. Ich möchte Sie in eine Schule mitnehmen, damit Sie die Eltern beobachten, die ihre kleinen Erstklässler zum ersten Mal in der Schule zurücklassen.

Es ist erschütternd. Lange nach dem Läuten der Schulglocke und dem Beginn des Unterrichts verweilen die Erwachsenen noch auf dem Parkplatz, sprechen sich gegenseitig Trost zu und bilden kleine Gruppen zur gegenseitigen Unterstützung. Obwohl die Eltern wissen, dass die Schule gut und dass Bildung nötig ist und dass sie ihren Kleinen in vier Stunden wiedersehen werden, wollen sie sich nicht verabschieden.

Wir wollen nicht denen, die wir lieben, »auf Wiedersehen« sagen.

Doch was wir am Ende des Sommers in den Schulen erleben, ist ein Kinderspiel verglichen mit dem, was man auf dem Friedhof bei einem Todesfall erlebt. Es ist nicht leicht, Menschen, die wir lieben, in einer vertrauten Umgebung zurückzulassen. Aber es ist etwas ganz anderes, sie in eine Welt zu entlassen, die wir nicht kennen und nicht beschreiben können.

Wir wollen uns nicht von den Menschen verabschieden, die wir lieben.

Doch es bleibt uns nichts anderes übrig. Wir können mit allen Mitteln versuchen, dem zu entgehen, es widerstrebt uns, darüber zu sprechen, und doch ist der Tod ein sehr realer Teil des Lebens. Jeder von uns muss die Hand eines geliebten Menschen loslassen und der Hand eines anderen überlassen, den wir nie gesehen haben.

Können Sie sich daran erinnern, als der Tod Sie das erste Mal zwang, Abschied von einem Menschen zu nehmen? Die meisten von uns können es. Als ich in der dritten Klasse war, kam ich eines Tages von der Schule nach Hause und war erstaunt, den Lkw meines Vaters im Hof stehen zu sehen. Ich fand ihn im Bad, wo er sich gerade rasierte. »Dein Onkel Buck ist heute gestorben«, sagte er. Ich war traurig. Ich mochte meinen Onkel gerne. Zwar kannte ich ihn nicht gut, aber ich hatte ihn gern. Außerdem machte mich diese Nachricht neugierig.

Bei der Beerdigung hörte ich Worte wie *verschieden, entschlafen, vorausgegangen*. Das waren unbekannte Begriffe. *Verschieden, wohin? Entschlafen, eingeschlafen? Vorausgegangen, für wie lange?*

Natürlich habe ich inzwischen gelernt, dass ich nicht der Einzige bin, der Fragen über den Tod hat. Bei jedem Gespräch über die Wiederkunft Christi wird früher oder später jemand fragen: »Wie steht es mit denen, die schon gestorben sind? Was geschieht mit Christen zwischen ihrem Tod und Jesu Wiederkunft?«

Offensichtlich stellte die Gemeinde von Thessalonich solche Fragen. Hören Sie, was Paulus ihnen schrieb: »Und nun, Brüder, möchte ich, dass ihr wisst, was mit denen geschieht, die bereits gestorben sind, damit ihr nicht traurig seid wie jene Menschen, die keine Hoffnung haben« (1. Thessalonicher 4,13).

Die Gemeinde von Thessalonich hatte, wie andere auch, liebe Menschen begraben müssen. Und Paulus wollte, dass die verbleibenden Mitglieder hinsichtlich derjenigen, die vorausgegangen waren, inneren Frieden fanden. Viele von Ihnen haben auch geliebte Menschen zu Grabe getragen. Und wie Gott zu den Menschen damals sprach, spricht er auch zu Ihnen.

Wenn Sie dieses Jahr Ihren Hochzeitstag allein feiern, spricht er zu Ihnen.

Wenn Ihr Kind in den Himmel kam, bevor es in den Kindergarten ging, spricht er zu Ihnen.

Wenn Sie einen geliebten Menschen durch Gewalt verloren haben, wenn Sie mehr über Krankheit lernten, als Sie je wissen wollten, wenn Ihre Träume zusammen mit einem Sarg begraben wurden, dann spricht Gott zu Ihnen.

Er spricht zu all denen, die in der feuchten Erde neben einem offenen Grab standen oder stehen werden. Und er gibt uns dieses zuversichtliche Wort: »Und nun, Brüder, möchte ich, dass ihr wisst, was mit denen geschieht, die bereits gestorben sind, damit ihr nicht traurig seid wie jene Menschen, die keine Hoffnung haben. Denn weil wir glauben, dass Jesus starb und wieder auferstanden ist, glauben wir auch, dass Gott durch Jesus alle verstorbenen Gläubigen wiederbringen wird, wenn Jesus kommt« (1. Thessalonicher 4,13-14).

Gott verwandelt unseren hoffnungslosen Kummer in hoffnungsvollen Kummer. Wie? Indem er uns sagt, dass wir unsere geliebten Menschen wiedersehen werden.

Bob Russell ist ein Freund von mir, der in Kentucky predigt. Sein Vater starb vor Kurzem. Die Beerdigung fand an einem bitterkalten, stürmischen Tag statt. Die Straßen waren aufgrund des dichten Schnees so unwegsam, dass ein Leichenzug ausgeschlossen war. Deshalb sagte der Bestattungsunternehmer zu Bob: »Ich bringe die Leiche Ihres Vaters zum Grab.« Bob konnte den Gedanken nicht ertragen, bei dem Leichenzug seines Vaters nicht dabei zu sein. Deshalb zwängten sich er und sein Bruder und ihre Söhne in ein Auto mit Vierradantrieb und folgten dem Leichenwagen. Dieses Erlebnis beschrieb er folgendermaßen:

Durch eine 25 Zentimeter tiefe Schneedecke bahnten wir uns mühsam einen Weg zum Friedhof, schafften es bis etwa fünfzig Meter von Papas Grab entfernt. Mit Mühe kämpften wir gegen den heftigen Sturmwind an und schleppten zu sechst den Sarg bis zum Grab... Wir sahen zu, wie der Sarg ins Grab gesenkt wurde und wollten weggehen. Ich hatte das Gefühl, dass noch etwas fehlte, deshalb sagte ich: »Beten wir noch zusammen.« Wir sechs drängten uns dicht aneinander, und ich betete: »Herr, dies ist solch ein kalter, einsamer Ort...« Dann schnürte es mir die Kehle zusammen und ich konnte nicht mehr weiterbeten. Ich kämpfte, um meine Fassung wiederzugewinnen, und schließlich flüsterte ich: »Aber ich danke dir, denn wir wissen, wer nicht mehr in seinem Körper wohnt, ist sicher in deinen gütigen Armen.«[1]

Wollen wir nicht genau das glauben? Wie Eltern wissen müssen, dass ihr Kind in der Schule sicher ist, sehnen wir uns nach dem Wissen, dass die Menschen, die wir lieben, im Tod sicher sind. Wir sehnen uns nach der Zusage, dass die Seele sofort bei Gott ist. Wagen wir es, das zu glauben? Können wir es glauben? Laut Bibel ja.

Die Heilige Schrift sagt erstaunlich wenig über diesen Abschnitt unseres Lebens. Die Bibel spricht nicht lautstark über die Zeit zwischen dem Tod des Leibes und der Auferstehung des Leibes, sie spricht ganz sachte darüber. Und doch können wir daraus die feste Zusage heraushören, dass der Christ sofort mit dem Sterben in die Gegenwart Gottes tritt und die bewusste Gemeinschaft mit dem Vater und denen, die bereits vorhergegangen sind, genießt. Wie komme ich auf diese Gedanken? Hören wir doch einfach auf einige dieser leisen Äußerungen:

> Denn Christus ist mein Leben, aber noch besser wäre es, zu sterben und bei ihm zu sein. Doch wenn ich lebe, dann trägt meine Arbeit für Christus Früchte. Deshalb weiß ich wirklich nicht, was ich wählen soll.
>
> Ich fühle mich zwischen zwei Wünschen hin und her gerissen: Ich sehne mich danach, zu sterben und bei Christus zu sein, denn das wäre bei Weitem das Beste.
>
> Philipper 1,21-23

Die Ausdrucksweise hier deutet darauf hin, dass die Seele sofort nach dem Tod weggeht. Grammatikalische Einzelheiten sind etwas langweilig, veranlassten aber einen Gelehrten zu der Aussage: »Was Paulus hier sagt, ist, dass er in dem Augenblick, in dem er stirbt, bei Christus ist.«[2]

Ein weiterer Anhaltspunkt stammt aus dem Brief, den Paulus an die Korinther schrieb. Vielleicht haben Sie den Ausdruck gehört: »Den Körper verlassen bedeutet, zu Hause beim Herrn zu sein.« Paulus war der Erste, der ihn gebrauchte: »Ja, wir sind voll Zuversicht und würden unseren jetzigen Körper gern verlassen, weil wir dann daheim beim Herrn wären« (2. Korinther 5,8).

Bei der Wiederkunft Christi werden unsere Körper auferstehen. Doch davon spricht Paulus offensichtlich in diesem Vers nicht. Sonst hätte er nicht den Ausdruck geschrieben »unseren jetzigen Körper verlassen«. Paulus beschreibt hier einen Abschnitt zwischen unserem Tod und vor der Auferstehung unserer Körper. Während dieser Zeit werden wir »daheim beim Herrn« sein.

Ist das nicht das Versprechen, das Jesus dem Verbrecher am Kreuz gab? Früher hatte der Verbrecher Jesus abgelehnt. Jetzt empfindet er Reue und bittet um Barmherzigkeit. »Jesus, denk an mich, wenn du in dein Reich kommst« (Lukas 23,42). Wahrscheinlich bittet der Verbrecher, dass an ihn in ferner Zukunft gedacht wird, wenn das Reich Gottes kommt. Er hat keine sofortige Antwort erwartet. Aber er bekommt sie: »Ich versichere dir: Heute noch wirst du mit mir im Paradies sein« (V. 43). Die Kernaussage in diesem Abschnitt ist Gottes grenzenlose und erstaunliche Gnade. Doch eine zusätzliche Aussage dieses Abschnitts ist die sofortige Versetzung der Geretteten in die Gegenwart Gottes. Die Seele des Gläubigen reist nach Hause, während der Körper des Gläubigen auf die Auferstehung wartet.

Als Stephanus den Märtyrertod starb, sah er »... den Himmel offen, und den Menschensohn auf dem Ehrenplatz zur Rechten Gottes stehen« (Apostelgeschichte 7,56). Kurz bevor er starb, betete er: »Herr Jesus, nimm meinen Geist auf« (V. 59). Man kann mit Sicherheit behaupten, dass Jesus genau das tat. Obwohl der Körper des Stephanus tot war, lebte sein Geist. Obwohl sein Körper begraben wurde, war sein Geist in der Gegenwart Jesu.

Es gibt Menschen, die sind anderer Meinung. Sie stellen sich eine Zwischenetappe der Reinigung vor, einen »Warteraum«, in dem wir für unsere Sünden bestraft werden. Dieses sogenannte »Fegefeuer« ist der Ort, wo wir eine unbestimmte Zeit lang das erhalten, was wir aufgrund unserer Sünden verdient haben, damit wir dann als Gerechte das bekommen, was Gott vorbereitet hat.

Doch zwei Dinge an dieser Lehre stören mich. Erstens kann niemand von uns ertragen, was wir aufgrund unserer Sünden verdient haben. Zweitens hat Jesus es schon ertragen. Die Bibel lehrt, dass der Tod und nicht das Fegefeuer der Lohn der Sünde ist (siehe Römer 6,23). Die Bibel lehrt weiterhin, dass Jesus unser Fegefeuer wurde und unsere Strafe auf sich nahm: »Nachdem er uns durch seinen Tod von unseren Sünden gereinigt hat, setzte er sich auf den Ehrenplatz an der rechten Seite des herrlichen Gottes im Himmel« (Hebräer 1,3). Es gibt kein Fegefeuer, weil das Fegefeuer bereits auf Golgatha stattfand.

Die Bibel spricht von Menschen, die bereits gestorben sind, die jedoch ganz bestimmt nicht schlafen, wie es so in einigen Bibelübersetzungen steht. Ihre Körper schlafen, aber ihre Seelen sind hellwach. Offenbarung 6,9-11 berichtet von den Seelen der Märtyrer, die nach Gerechtigkeit auf Erden schreien. In Matthäus 17,3 ist von Mose und Elia die Rede, die auf dem Berg der Verklärung mit Jesus erschienen. Auch Samuel, der aus dem Grab zurückkam, wird beschrieben, dass er einen Priesterrock trägt (1. Samuel 28,13-14; Luther). Und wie steht es mit der Wolke von Zeugen, die uns umgibt (Hebräer 12,1; Luther)? Könnten das nicht die Helden unseres Glaubens sein und die Menschen, die wir liebten und die uns vorausgegangen sind?

Ich denke schon. Ich denke, Bobs Gebet war richtig. Wenn es kalt ist auf der Erde, finden wir Trost in dem Wissen, dass die Menschen, die wir lieben, sich in den gütigen Armen Gottes befinden.

Wir nehmen nicht gerne Abschied von lieben Menschen. Trennung fällt schwer, egal ob in der Schule oder auf dem Friedhof. Es ist angebracht, dass wir weinen, aber wir brauchen nicht zu verzweifeln. Hier hatten sie Schmerzen und mussten leiden. Dort haben sie keine Schmerzen und leiden nicht mehr. Hier kämpften sie. Dort gibt es keine Kämpfe mehr für sie. Wir fragen uns vielleicht, warum Gott sie heimholte. Doch sie fragen das nicht. Sie verstehen. Sie sind in diesem Augenblick im Frieden, in der Gegenwart Gottes.

Ich war noch kein Jahr lang Pfarrer in San Antonio, als eines unserer Gemeindeglieder mich bat, bei der Beerdigung seiner Mutter zu sprechen. Ihr Name war Ida Glossbrenner, aber ihre Freunde nannten sie Polly.

Als ich mit dem Sohn den Gottesdienst durchsprach, erzählte er mir eine faszinierende Geschichte über die letzten Worte, die seine Mutter sagte. In den letzten Stunden ihres Lebens reagierte Frau Glossbrenner auf nichts mehr. Sie sprach kein Wort. Doch Sekunden vor ihrem Tod öffnete sie die Augen und erklärte mit klarer Stimme: »Mein Name ist Ida Glossbrenner, aber meine Freunde nennen mich Polly.«

Sinnlose Worte der Halluzination? Vielleicht. Oder vielleicht doch mehr. Vielleicht stand Ida am Eingang zum Himmel, ihr Körper hinter ihr und ihre Seele in der Gegenwart Gottes. Und vielleicht stellte sie sich gerade vor.

Ich weiß es nicht. Aber Folgendes weiß ich: Wenn es kalt ist auf der Erde, finden wir Trost in dem Wissen, dass die gläubigen Menschen, die wir lieben, in den gütigen Armen Gottes sind. Und wenn Christus kommt, werden auch wir sie festhalten.

*Es gibt aber eine Reihenfolge:
Christus zuerst, und wenn er wiederkommt,
dann die, die zu ihm gehören.*

1. Korinther 15,23

5. Kapitel
Ein brandneues Du
Ein Tag der Verjüngung

Nehmen wir an, Sie kommen eines Tages an meinem Bauernhof vorbei und sehen, wie ich auf dem Acker sitze und weine. (Ich habe keinen Bauernhof und sitze auch normalerweise nicht auf Äckern, aber treiben wir doch dieses Spiel etwas weiter.) Ich sitze untröstlich vor einer Ackerfurche. Besorgt kommen Sie näher und fragen, was los ist. Ich schaue unter dem Schild meiner Arbeitsmütze hervor und strecke Ihnen eine Handvoll Samenkörner entgegen. »Mein Herz bricht wegen dieser Samenkörner«, weine ich. »Mein Herz bricht wegen dieser Samenkörner.«

»Was?«

Unter Schluchzen erkläre ich: »Die Samenkörner werden in den Boden gelegt und mit Erde bedeckt. Sie werden verrotten, ich werde sie nie wieder sehen.«

Ich weine und Sie sind sprachlos. Sie schauen sich nach dem Ladewagen um, von dem ich Ihrer Meinung nach bestimmt heruntergestürzt und auf den Kopf gefallen bin. Schließlich erläutern Sie mir das Grundprinzip des Ackerbaus. Aus dem Verrotten des Samens entsteht der Keim einer Pflanze.

Freundlich erklären Sie mir: »Beweinen Sie doch nicht, dass der Same vergraben wurde. Wissen Sie nicht, dass Sie bald Zeuge eines eindrucksvollen Wunders Gottes werden? Nach einer bestimmten Zeit und bei liebevoller Pflege wird dieser kleine Kern aus seinem Gefängnis ausbrechen und zu einer Pflanze heranwachsen, die seine kühnsten Träume übersteigt.«

Nun, vielleicht erklären Sie das nicht ganz so dramatisch, aber Ihre Gedanken haben in etwa diesen Sinn. Jeder Landwirt, der über das Vergraben von Samen trauert, braucht Zuspruch: Die Zeit des Säens ist keine Zeit des Trauerns. Jeder, der wegen einer Beerdigung von Trauer erfüllt ist, braucht auch Zuspruch. Vermutlich brauchen wir die Ermutigung, die Paulus den Korinthern schrieb: »Es gibt aber eine Reihenfolge: Christus zuerst, und wenn er wiederkommt, dann die, die zu ihm gehören« (1. Korinther 15,23).

Im letzten Kapitel befassten wir uns mit der Frage, was mit einem Christen zwischen dem Tod des Körpers und der Wiederkunft unseres Retters geschieht. Die Heilige Schrift versichert uns, dass während dieses Zeitraums unsere Seele lebt, unser Körper aber begraben ist. Es handelt sich um eine Zwischenetappe, in der wir »unseren Körper verlassen« haben und »daheim beim Herrn« sind (2. Korinther 5,8).

Bei unserem Tod wird unsere Seele sofort in die Gegenwart Gottes ziehen, während wir auf die Auferstehung unseres Körpers warten. Und wann wird diese Auferstehung stattfinden? Sie haben es erraten. Wenn Jesus kommt. »Es gibt aber eine Reihenfolge: Christus zuerst, und wenn er wiederkommt, dann die, die zu ihm gehören. Danach wird das Ende kommen« (1. Korinther 15,23-24).

Solche Verse werfen eine ganze Palette von Fragen auf: Was meint Paulus, wenn er sagt, es werden »die lebendig gemacht werden und neues Leben empfangen..., die zu ihm gehören«? Was wird auferweckt? Mein Körper? Wenn ja, warum *dieser* Körper? Ich mag meinen Körper nicht. Warum beginnen wir nicht mit etwas völlig Neuem?

Kommen Sie mit mir auf den Bauernhof zurück und suchen wir einige Antworten.

Wenn Sie von meiner Allegorie mit dem Samen beeindruckt sind, dann muss ich Ihnen ganz offen gestehen: Ich habe die Idee vom Apostel Paulus abgeschrieben. Im fünfzehnten Kapitel seines Briefes an die Korinther steht die endgültige Abhandlung über unsere Auferstehung. Wir werden uns nicht mit dem ganzen Kapitel befassen, sondern einige Verse herausnehmen und ein paar wesentliche Aussagen herausarbeiten.

Er schreibt: »Vielleicht fragt jetzt einer: ›Wie werden die Toten denn auferstehen? Was für einen Körper werden sie haben?‹ Welch eine unsinnige Frage! Wenn ihr ein Samenkorn in die Erde legt, wächst es nicht zu einer Pflanze heran, bevor es nicht gestorben ist. Was ihr in die Erde legt, ist nicht die Pflanze, die wachsen wird, sondern ein bloßes Weizenkorn oder was ihr sonst pflanzen wollt. Dann gibt Gott ihm einen neuen Leib, wie es ihm gefällt. Aus jedem Samen wächst eine andere Pflanze« (1. Korinther 15,35-38).

Mit anderen Worten: Ohne den Tod des alten Körpers kann man keinen neuen Körper bekommen.[1] Oder wie Paulus sagt: »Wenn ihr ein Samenkorn in die Erde legt, wächst es nicht zu einer Pflanze heran, bevor es nicht gestorben ist« (V. 36).

Eine Bekannte erzählte mir, dass der Vergleich, den Paulus zwischen ausgesätem Samen und begrabenen Körpern zieht, sie an eine Bemerkung ihres jüngsten Sohnes erinnerte. Er ging in die erste Klasse, und im Unterricht nahmen sie gerade Pflanzen durch, als die Familie an der Beerdigung eines Verwandten teilnahm. Eines Tages, als sie an einem Friedhof vorbeifuhren, stellte er eine Verbindung zwischen beiden Ereignissen her. »He, Mama«, rief er und zeigte auf den Friedhof. »Dort säen sie Menschen.«

Dem Apostel Paulus hätte dieser Satz gefallen. In der Tat möchte Paulus, dass wir unsere Einstellung zu Beerdigungen ändern. Der Gottesdienst am Grab ist keine Leichenfeier, sondern eine Aussaat. Das Grab ist kein Loch in der Erde, sondern eine fruchtbare Ackerfurche. Der Friedhof ist keine letzte Ruhestätte, sondern ein Ort der Umwandlung für die, die an Jesus glauben.

Die meisten Menschen denken, der Tod sei sinnlos. Er ist für die Menschheit wie das schwarze Loch für den Weltraum – eine geheimnisvolle, unerklärliche, abscheuliche, alles verzehrende Macht, die man mit allen Mitteln zu umgehen sucht. Genau das tun wir. Wir tun alles, was wir können, um zu leben und nicht zu sterben. Gott jedoch sagt, dass wir sterben müssen, um zu leben. Wenn du einen Samen ausgesät hast, muss er zuerst in der Erde sterben, bevor er wachsen kann (V. 36). Was wir für die größte Tragödie halten, hält er für den größten Triumph.

Wenn ein Christ stirbt, so ist das kein Anlass zur Verzweiflung, sondern ein Anlass zum Vertrauen. Wie ein Samenkorn in die Erde gelegt wird und die äußere Hülle zerfällt, so wird unser fleischlicher Körper begraben und er zerfällt. Aber genau wie aus dem begrabenen Samenkorn neues Leben keimt, so wächst unser Körper zu einem neuen Körper heran. Jesus sagte: »Ein Weizenkorn muss in die Erde ausgesät werden. Wenn es dort nicht stirbt, wird es allein bleiben – ein einzelnes Samenkorn. Sein Tod aber wird viele neue Samenkörner hervorbringen – eine reiche Ernte neuen Lebens« (Johannes 12,24).

In diesem Zusammenhang fällt mir noch ein ganz anderes Bild ein. Machen wir also einen Gedankensprung weg von Pflanzen und der Landwirtschaft hin zum Mittagessen und dem Nachtisch. Lassen wir uns nicht gern vom Nachtisch verlocken? Hören wir nicht gern den Koch sagen: »Sobald Sie fertig sind, habe ich eine Überraschung für Sie.« Gott sagt etwas Ähnliches im Hinblick auf unseren Körper. »Lege doch den Körper ab, den du hast, dann habe ich eine Überraschung.«

Worin besteht diese Überraschung? Wie ist dieser neue Körper, den ich bekomme? Auch hier hilft uns ein Vergleich weiter. Paulus schrieb: »Was ihr in die Erde legt, ist nicht die Pflanze, die wachsen wird, sondern ein bloßes Weizenkorn oder was ihr sonst pflanzen wollt« (1. Korinther 15,37). Das bedeutet, wir können uns den neuen Leib nicht vorstellen, wenn wir den alten Leib anschauen.

Ich denke, Ihnen gefällt, wie Eugene Peterson diesen Text frei wiedergibt:

Für diese Dinge gibt es keine schematischen Darstellungen. Wir können das in der Gärtnerei beobachten. Man sät ein »totes« Samenkorn; bald entsteht daraus eine blühende Pflanze. Es besteht keine äußere Ähnlichkeit zwischen dem Samenkorn und der Pflanze. Wenn Sie einen Tomatensamen betrachten, könnten Sie nie erraten, wie eine Tomate aussehen wird. Was wir in die Erde säen und was daraus erwächst, sieht sich nicht ähnlich. Der tote Leib, den wir begraben und der Auferstehungsleib, der daraus entsteht, sind völlig unterschiedlich (1. Korinther 15,38).

Es ist klar, worauf Paulus hinauswill. Man kann sich die Pracht der Pflanze nicht vorstellen, wenn man auf das Samenkorn starrt; genauso wenig kann man auch nur einen blassen Schimmer seines künftigen Leibes erhalten, wenn man den jetzigen untersucht. Wir wissen nur, dass dieser Leib verändert werden wird.

»Aber Paulus, gib uns doch einen Tipp, nur einen kleinen Hinweis. Kannst du uns nicht ein bisschen mehr über unseren neuen Körper erzählen?«

Offensichtlich wusste er, dass wir diese Frage stellen werden, denn der Apostel behandelt dieses Thema in den folgenden Abschnitten und kommt schließlich zu der Schlussfolgerung: Du kannst dir vielleicht deinen neuen Körper nicht vorstellen, aber eines ist sicher: Er wird dir gefallen.

Paulus umreißt drei Arten, in denen Gott unseren Körper umgestalten wird. Folgende Umwandlungen werden vorgenommen:

Von Vergänglichkeit in Unvergänglichkeit: »Genauso verhält es sich mit der Auferstehung der Toten. Unsere irdischen Körper werden sterben und verwesen, doch bei der Auferstehung werden sie unvergänglich sein und nicht mehr sterben« (V. 42).

Von Niedrigkeit in Herrlichkeit: »Es wird gesät in Niedrigkeit und wird auferstehen in Herrlichkeit« (V. 43; Luther).

Von Armseligkeit in Kraft: »Es wird gesät in Armseligkeit und wird auferstehen in Kraft« (V. 43; Luther).

Vergänglichkeit, Niedrigkeit, Armseligkeit. Drei nicht gerade schmeichelhafte Wörter, mit denen unser Körper beschrieben wird. Doch wer möchte Einwände dagegen erheben?

Julius Schniewind jedenfalls hat es nicht getan. Er war ein geachteter Theologe in Europa. In den letzten Wochen seines

Lebens kämpfte er mit einer schmerzhaften Nierenkrankheit. Sein Biograf berichtet, dass der Professor eines Abends, nachdem er eine Bibelbetrachtung geleitet hatte, seinen Mantel anzog, um nach Hause zu gehen. Ein heftiger Schmerz in der Seite ließ ihn laut aufstöhnen und den griechischen Satz ausstoßen: »*Soma tapeinoseos, soma tapeinoseos.*« Er zitierte die Worte von Paulus: »Aber unsere Heimat ist der Himmel, wo Jesus Christus, der Herr, lebt. Und wir warten sehnsüchtig auf ihn, auf die Rückkehr unseres Erlösers. Er wird unseren schwachen, sterblichen Körper *[soma tapeinoseos]* verwandeln« (Philipper 3,20-21).[2]

Sie und ich murmeln wohl kaum griechische Sätze vor uns hin, aber wir wissen, was es bedeutet, in einem schwachen, vergänglichen Körper zu wohnen. Einige von Ihnen wissen es nur allzu gut. Aus Neugierde erstellte ich eine Liste der Nachrichten, die ich innerhalb der vergangenen vierundzwanzig Stunden über mangelnde Gesundheit erhalten hatte. Ich erfuhr Folgendes:

Bei einem Professor wurde die parkinsonsche Krankheit festgestellt.

Ein Mann im besten Alter macht sich Sorgen um seine Untersuchungsbefunde. Morgen wird er erfahren, ob er Krebs hat.

Der Vater eines Freundes muss sich an den Augen operieren lassen.

Ein anderer Bekannter erlitt einen Schlaganfall.

Ein Pfarrer starb nach vierzig Jahren Predigtdienst.

Könnten Sie Ähnliches berichten? Wahrscheinlich schon. Ich frage mich, ob Gott Sie in den nächsten Zeilen direkt ansprechen will. Ihr Körper ist so müde, so erschöpft. Ihre Gelenke schmerzen und die Muskeln sind kraftlos. Sie verstehen, warum Paulus den Körper als eine Hütte beschreibt (2. Korinther 5,4; Luther). Früher war Ihre Hütte kräftig und robust, aber die Jahre sind dahingegangen, Stürme haben gewütet. Durch die Kälte und den Wind ist Ihre Hütte nicht mehr so stark wie früher.

Oder möglicherweise war Ihre »Hütte«, Ihr Körper, nie stark. Ihre Sehkraft war nie scharf, Ihr Gehör nie präzise. Ihr Gang war nie fest und Ihr Herz nie belastungsfähig. Sie sahen, wie andere die Gesundheit, die Sie nie hatten, für selbstverständlich hielten. Rollstühle, Arztbesuche, Krankenhauszimmer, Nadeln, Stethoskope – Sie wären glücklich, wenn Sie für den Rest Ihres Lebens nichts mehr davon sehen würden. Und Sie würden alles, ja alles für einen einzigen Tag mit einem starken, gesunden Körper geben.

Wenn das auf Sie zutrifft, lassen Sie Gott einen Augenblick zu Ihrem Herzen sprechen. Das Ziel dieses Buches ist es, Sie mit dem Hinweis auf die Wiederkunft Christi zu ermutigen. Wenige Menschen brauchen Ermutigung nötiger als die gesundheitlich Angeschlagenen. Und nur wenige Verse sind ermutigender als Philipper 3,20-21. Einige Abschnitte weiter oben lasen wir Vers 20; freuen Sie sich an Vers 21: »Er wird unseren schwachen, sterblichen Körper verwandeln, sodass er seinem verherrlichten Körper entspricht. Dies wirkt er durch dieselbe Kraft, mit der er sich überall alles unterwirft« (Philipper 3,21).

Betrachten wir einige andere Übersetzungen dieses Verses:

»[Er wird] unseren nichtigen Leib verwandeln..., dass er gleich werde seinem verherrlichten Leibe« (Luther).

»Dann wird unser hinfälliger, sterblicher Leib verwandelt werden und seinem auferstandenen, unvergänglichen Leib gleich werden« (Hoffnung für alle).

Wie auch immer die Worte formuliert sind, die Zusage bleibt gleich. Ihr Körper wird verwandelt werden. Sie werden keinen anderen Körper bekommen, sondern einen erneuerten Körper. So wie Gott eine Eiche aus einer Eichel und eine Tulpe aus einer Blumenzwiebel machen kann, macht er aus dem alten Körper einen »neuen«. Einen Körper ohne Vergänglichkeit, Niedrigkeit und Armseligkeit. Einen Körper wie der Körper, den Jesus hat.

Meine gute Bekannte Joni Eareckson Tada betont denselben Grundgedanken. Durch einen Tauchunfall als junges

Mädchen leidet sie an Tetraplegie, und die vergangenen zwanzig Jahre hat sie sehr beschwerlich gelebt. Sie weiß mehr als die meisten, was es bedeutet, in einem schwachen Körper zu wohnen. Gleichzeitig weiß sie mehr als die meisten Menschen um die Hoffnung auf einen auferstandenen Leib. Hören wir, was sie dazu sagt:

Irgendwo in meinem zerbrochenen, gelähmten Körper ist der Same dessen, was ich einmal werde. Die Lähmung macht das, was ich einmal werde, umso großartiger, wenn man die verkümmerten, nutzlosen Beine den herrlichen auferstandenen Beinen gegenüberstellt. Wenn es im Himmel Spiegel gibt (warum eigentlich nicht?), bin ich davon überzeugt, dass das, was ich sehe, unverkennbar »Joni« sein wird, wenngleich eine viel bessere, strahlendere Joni, so viel besser, dass der Vergleich sich nicht lohnt.... Ich werde Jesus ähnlich sein, dem Mann aus dem Himmel.[3]

Möchten Sie eine ganz kurze Vorschau auf Ihren neuen Körper? Betrachten wir den auferstandenen Leib unseres Herrn. Nach seiner Auferstehung war Jesus vierzig Tage lang mit Menschen zusammen. Der auferstandene Christus befand sich nicht in einem körperlosen, nur geistigen Zustand. Im Gegenteil, er hatte einen Körper – einen berührbaren, sichtbaren Körper.

Fragen Sie einfach Thomas. Thomas sagte, er würde nicht an die Auferstehung glauben, bis »ich sehe die Wunden von den Nägeln in seinen Händen« (Johannes 20,25). Die Antwort Jesu? Er erschien Thomas und sagte: »Lege deine Finger auf diese Stelle hier und sieh dir meine Hände an. Lege deine Hand in die Wunde an meiner Seite. Sei nicht mehr ungläubig, sondern glaube« (V. 27).

Jesus kam nicht als Nebelschleier oder Wind oder gespenstische Erscheinung. Er kam in einem Körper. Einem Körper, der wesentlich mit dem Körper, den er ursprünglich hatte, in Zusammenhang stand. Einem Körper aus Fleisch und Knochen. Sagte er nicht seinen Jüngern: »Vergewissert euch, dass ich kein Geist bin; denn ein Geist hat keinen Körper, und ich habe einen, wie ihr seht« (Lukas 24,39).

Jesu auferstandener Körper war also ein echter Körper, echt genug, um auf der Straße nach Emmaus zu gehen, echt genug, um in der Gestalt eines Gärtners zu erscheinen, echt genug, um mit den Jüngern am See Tiberias zu frühstücken. Jesus hatte einen echten Körper.[4]

Gleichzeitig war dieser Körper kein Klon seines irdischen Körpers. Markus berichtet, dass Jesus sich »in veränderter Gestalt« zeigte (Markus 16,12). Er war derselbe, aber doch anders. So anders, dass Maria Magdalena, seine Jünger auf dem See und seine Jünger auf dem Weg nach Emmaus ihn nicht erkannten. Obwohl er Thomas aufforderte, seinen Körper zu berühren, trat er in der Gegenwart von Thomas durch eine geschlossene Tür.[5]

Was wissen wir also über den Auferstehungsleib Jesu? Er war ganz anders als jeder Körper, den die Welt je gesehen hatte.

Was wissen wir über unseren Auferstehungsleib? Er wird ganz anders sein, als wir uns je ausgemalt haben.

Werden wir so anders aussehen, dass wir nicht sofort wiedererkannt werden? Vielleicht. (Möglicherweise brauchen wir Namensschilder.) Werden wir durch Wände treten können? Wahrscheinlich können wir noch viel mehr.

Werden wir noch die Narben des Lebens tragen? Narben des Leidens, Zeichen des Krieges? Entstellungen durch Krankheit? Verletzungen durch Gewalt? Bleiben sie auf unserem Körper? Das ist eine sehr gute Frage. Mindestens vierzig Tage lang hat Jesus seine Narben behalten. Werden wir unsere behalten? Zu diesen Fragen können wir nur Vermutungen anstellen, und ich meine, dass wir sie nicht behalten. Petrus sagt: »Durch seine Wunden seid ihr geheilt worden« (1. Petrus 2,24). In der Buchhaltung des Himmels ist es nur eine einzige Wunde wert, im Gedächtnis behalten zu werden. Und das ist die Wunde Jesu. Unsere Wunden wird es nicht mehr geben.

Gott wird Ihren Körper erneuern und ihn seinem gleich machen. Welche Auswirkungen sollte das auf Ihr Leben haben?

Ihr Körper wird in irgendeiner Form ewig bestehen. Achten Sie ihn.

Sie werden ewig in diesem Körper wohnen. Natürlich wird er anders sein. Was jetzt verkrümmt ist, wird gerade sein. Was jetzt mangelhaft ist, wird fehlerlos sein. Ihr Körper wird anders sein, aber Sie werden keinen anderen Körper bekommen. Sie werden den jetzigen behalten. Ändert das Ihre Einstellung zu ihm? Ich hoffe es.

Gott hat Hochachtung vor Ihrem Körper. Sie sollten Ihren Körper auch hoch schätzen. Achten Sie ihn. Ich sage nicht, dass Sie ihn anbeten sollen. Aber achten Sie ihn. Er ist schließlich der Tempel des Heiligen Geistes (siehe 1. Korinther 6,19). Seien Sie sorgsam darauf bedacht, wie Sie ihn ernähren, gebrauchen und versorgen. Sie wollen ja auch nicht, dass jemand Ihr Heim ruiniert; Gott will nicht, dass jemand seines ruiniert. Schließlich ist Ihr Körper sein Heim, oder? Etwas Sport und gesunde Ernährung zur Ehre Gottes würde den meisten von uns nicht schaden. Ihr Körper wird in irgendeiner Form ewig bestehen. Achten Sie ihn.

Noch ein letzter Gedanke.

Ihr Schmerz wird NICHT ewig fortbestehen. Glauben Sie es.

Werden Sie von Arthritis in den Gelenken geplagt? Im Himmel wird das vorbei sein.

Haben Sie ein schwaches Herz? Im Himmel wird es stark sein.

Hat Krebs Ihren Organismus zerstört? Im Himmel gibt es keinen Krebs.

Sind Ihre Gedanken wirr? Lässt Ihr Gedächtnis Sie im Stich? Ihr neuer Körper wird eine neue Geisteskraft erhalten.

Scheint dieser Körper näher dem Tod als je zuvor? So ist es wohl. Und wenn Christus nicht vorher wiederkommt, wird Ihr Körper begraben werden. Wie ein Samenkorn in die Erde gelegt wird, wird Ihr Körper in ein Grab gelegt. Und eine Zeit lang wird Ihre Seele im Himmel sein, während Ihr Körper im

Grab liegt. Aber das in der Erde begrabene Samenkorn wird sich im Himmel entfalten. Ihre Seele und Ihr Körper werden wieder vereinigt und Sie werden wie Jesus sein.

*Und nun, liebe Kinder,
bleibt mit Christus verbunden,
damit ihr voller Zuversicht seid,
wenn er wiederkommt,
und euch nicht vor ihm schämen müsst!*

1. Johannes 2,28

6. Kapitel
Neue Kleider
Ein Tag der Erlösung

Ich behaupte nicht, ein guter Golfspieler zu sein, aber ich gestehe gerne, dass ich ein Golfnarr bin. Wenn Sie ein Zwölf-Schritte-Programm für Golfspieler kennen, dann tragen Sie mich ein. »Hallo, ich bin Max. Ich bin ein Golffanatiker.« Ich spiele gerne Golf, schaue mir gerne Golf an und in guten Nächten träume ich sogar von Golf.

Nach dieser Einleitung verstehen Sie, wie groß meine Freude war, als ich zum Meisterschaftsturnier der Golfspieler eingeladen wurde. Eine Teilnahme an diesem Turnier ist der Heilige Gral eines jeden Golfspielers. Eintrittskarten sind rar. Ich war wirklich begeistert. Die Einladung bekam ich durch den professionellen Golfspieler Scott Simpson. Jeder Spieler hat eine bestimmte Anzahl von Eintrittskarten und Scott schenkte Denalyn und mir zwei von seinen. (Falls Scotts Platz im Himmel jemals fraglich war, hat diese Geste alle Zweifel ausgeräumt.)

Also fuhren wir zum Augusta National Country Club nach Augusta, Georgia, wo Golfgeschichte geschrieben wurde. Auf diesem Golfplatz ist Nicklaus *das* Putten gelungen. Hier hat Mize mit *dem* kurzen Schlag aus dem Handgelenk den Ball ins Loch getroffen. Hier hat Saranson *den* Annäherungsschlag ausgeführt. Ich fühlte mich wie ein Kind im Süßwarenladen. Und wie ein Kind konnte ich nicht genug bekommen. Es genügte mir nicht, den Golfplatz zu sehen und auf ihm herumzulaufen. Ich wollte die Garderobe sehen. Dort sind die Schläger von Hogan und Azinger ausgestellt. Dort treiben sich die Spieler herum. Dahin wollte ich.

Doch ich wurde nicht eingelassen. Ein Wachposten hielt mich am Eingang an. Ich zeigte ihm meinen Pass, doch er schüttelte den Kopf. Ich sagte ihm, dass ich Scott kenne, aber das nützte nichts. Ich versprach ihm das Blaue vom Himmel, doch er bewegte sich nicht vom Fleck. »Nur Caddies und Spieler«, erklärte er. Nun, er wusste, dass ich kein Spieler war. Er wusste auch, dass ich kein Caddie war. Bei den Meisterschaften müssen Caddies einen weißen Overall tragen. Mein Anzug war ein altes Werbegeschenk. Also ging ich weg, mit dem Wissen, dass ich das Klubhaus nie sehen werde. Den ganzen Weg bis zur Tür hatte ich geschafft, doch der Eintritt wurde mir verwehrt.

Sehr viele Menschen befürchten, dass ihnen das Gleiche geschehen würde. Nicht in Augusta, sondern im Himmel. Sie haben Angst, an der Tür abgewiesen zu werden. Eine berechtigte Angst, finden Sie nicht? Wir sprechen hier über eine Frage, von der alles abhängt. Es ist eine Sache, wenn man nicht die Erlaubnis bekommt, das Klubhaus der Golfspieler zu betreten, aber es ist etwas ganz anderes, wenn einem der Eintritt in den Himmel verwehrt wird.

Deshalb sprechen manche Menschen nicht gerne über die Wiederkunft Jesu. Bei dem Gedanken daran werden sie nervös. Sie sind vielleicht gottesfürchtig und gehen regelmäßig zur Kirche, aber trotzdem sind sie nervös. Gibt es eine Lösung für diese Angst? Müssen Sie sich Ihr Leben lang fragen, ob Sie an der Tür abgewiesen werden? Es gibt eine Lösung und Sie brauchen sich keine Sorgen zu machen. Nach der Bibel ist es möglich, ohne Zweifel zu wissen, dass man das ewige Leben hat (siehe 1. Johannes 5,13). Wie? Wie können wir das absolut sicher wissen?

Seltsamerweise hat alles mit der Kleidung zu tun, die wir tragen.

Jesus erklärte dies in einem seiner Gleichnisse. Er erzählt uns die Geschichte eines Königs, der eine Hochzeitsfeier für seinen Sohn plant. Einladungen wurden verschickt, aber »keiner wollte kommen« (Matthäus 22,3). Der König ist geduldig und schickt eine weitere Einladung. Dieses Mal werden die Diener des Königs misshandelt und getötet. Der König ist zornig. Die Mörder werden bestraft, die Stadt wird zerstört und die Einladung gilt dieses Mal allen Menschen.

Die Deutung dieses Gleichnisses ist nicht schwer. Gott hat Israel, sein auserwähltes Volk, eingeladen, seine Kinder zu sein. Doch sie weigerten sich. Sie weigerten sich nicht nur, sie töteten seine Diener und kreuzigten seinen Sohn. Die Folge war das Gericht Gottes. Jerusalem wurde niedergebrannt und das Volk zerstreut.

Doch das Gleichnis geht weiter, der König sprach eine weitere Einladung aus. Dieses Mal wurden alle zum Hochzeitsfest eingeladen – »gute und schlechte Menschen«, Juden und Heiden. Hier sind auch wir Nichtjuden angesprochen. Wir sind die Empfänger einer umfassenden Einladung. Und eines Tages, wenn Christus kommt, werden wir am Eingang zum Schloss des Königs stehen. Doch hier endet die Geschichte nicht. Es ist nicht genug, am Eingang zu stehen. Eine bestimmte Garderobe ist erforderlich. Das Gleichnis schließt mit einem erschreckenden Absatz. Lesen wir doch einfach ab Vers 10 weiter:

»Also brachten die Diener alle, die sie finden konnten, gute und schlechte Menschen, und der Festsaal war voller Gäste. Aber als der König hereinkam, um seine Gäste zu begrüßen, bemerkte er einen Mann, der nicht für eine Hochzeit gekleidet war. ›Mein Freund‹, fragte er ihn, ›wie kommt es, dass du hier bist, ohne feierlich gekleidet zu sein, wie es sich für eine Hochzeit gehört?‹ Der Mann wusste keine Antwort darauf. Da sagte der König zu seinen Dienern: ›Fesselt ihn an Händen und Füßen und werft ihn hinaus in die Dunkelheit, wo Weinen und Zähneknirschen herrschen‹« (Matthäus 22,10-13).

Jesus hatte eine Vorliebe für überraschende Schlüsse, und dieser Schluss ist wirklich überraschend ... und beängstigend. Hier ist ein Mann, der am richtigen Ort war, umgeben von den richtigen Menschen, aber er trug die falsche Kleidung. Und weil er die falsche Kleidung anhatte, wurde er aus der Gegenwart des Königs ausgeschlossen.

»Falsche Kleidung? Max, willst du mir erzählen, dass Jesus sich um die Kleidung kümmert, die wir tragen?«

Offensichtlich. In der Tat erklärt uns die Bibel genau, welche Garderobe Gott möchte.

»Zieht an den Herrn Jesus Christus und sorgt für den Leib nicht so, dass ihr den Begierden verfallt« (Römer 13,14; Luther).

»Denn ihr seid alle durch den Glauben Gottes Kinder in Christus Jesus. Denn ihr alle, die ihr auf Christus getauft seid, habt Christus angezogen« (Galater 3,26-27; Luther).

Diese Bekleidung hat nichts mit Kleidern und Jeans und Anzügen zu tun. Gott geht es um unser geistliches Gewand. Er bietet uns eine himmlische Robe an, die nur der Himmel sehen und die nur der Himmel geben kann. Hören Sie auf die Worte Jesajas: »Ich freue mich im Herrn, und meine Seele ist fröhlich in meinem Gott; denn er hat mir die Kleider des Heils angezogen und mich mit dem Mantel der Gerechtigkeit gekleidet« (Jesaja 61,10; Luther).

Denken Sie an die Worte des Vaters, als der verlorene Sohn zurückkehrte. Er wollte, dass sein Sohn neue Schuhe und einen neuen Ring bekommt, und was sonst noch? Neue Kleider. »Bringt die besten Kleider im Haus und zieht sie ihm an« (Lukas 15,22). Sein Sohn sollte nicht in schäbigen, schmutzigen Lumpen gesehen werden. Der Vater wollte, dass sein Sohn die beste Kleidung bekommt, die es gab.

Genau das will Ihr Vater auch für Sie.

Die Kleidung, von der hier die Rede ist, hat nichts zu tun mit Dingen, die Sie in einem Laden kaufen können. Es geht hier um das, was Gott Ihnen schenkt, wenn Sie ihm Ihr Leben geben. Das möchte ich jetzt etwas näher erklären.

Wenn jemand ein Nachfolger Jesu wird, wenn Sünden bekannt und die Gnade Jesu angenommen wird, geschieht ein herrliches Wunder mit der Seele. Diese Person ist dann »in« Christus. Der Apostel Paulus bezeichnete sich selbst als »Menschen in Christus« (2. Korinther 12,2; Luther). Wenn er von seinen Kollegen spricht, nennt er sie »Mitarbeiter in Christus Jesus« (Römer 16,3; Luther). Die größte Verheißung gilt nicht den Reichen oder Gebildeten, sondern denen, die »in

Christus« sind. »So gibt es nun keine Verdammnis für die, die *in Christus Jesus* sind« (Römer 8,1; Luther; Kursivschrift vom Autor). Johannes fordert uns auf: »Bleibt in ihm, damit wir, wenn er offenbart wird, Zuversicht haben und nicht zuschanden werden vor ihm, wenn er kommt« (1. Johannes 2,28; Luther).

Was bedeutet es, »in Christus« zu sein? Das Bild mit der Kleidung ist gut. Warum tragen wir Kleidung? Wir wollen bestimmte Teile unseres Körpers verbergen.

Das kann auch für unser geistliches Leben gelten. Wollen wir, dass Gott alles von uns sieht? Nein. Wenn er es täte, würden wir uns fürchten und schämen. Wie könnten wir jemals hoffen, in den Himmel zu kommen, wenn man all unsere Fehler sieht? Paulus sagt: »Und euer wahres Leben ist mit Christus in Gott verborgen« (Kolosser 3,3).

Gehen wir noch einen Schritt weiter. Stellen wir uns vor, wie ein Mensch, der nicht die Kleidung Christi trägt, in den Augen des Himmels erscheint. Stellen Sie sich, um des Gesprächs willen, einen anständigen Menschen vor... nennen wir ihn Hans Redlich. Von unserem Blickwinkel her macht Hans alles richtig. Er zahlt seine Steuern und Rechnungen, kümmert sich um seine Familie und achtet seine Vorgesetzten. Er ist ein guter Mensch. In der Tat, wenn wir ihn anziehen müssten, würden wir ihm ein weißes Gewand geben.

Doch der Himmel sieht Hans anders. Gott sieht, was Sie und ich nicht sehen. Denn Herr Redlich macht in seinem Leben Fehler. Und jedes Mal, wenn er sündigt, erscheint ein Fleck auf seinem Gewand. Als er zum Beispiel gestern mit seinem Chef sprach, nahm er es mit der Wahrheit nicht allzu genau. Ein Flecken auf seinem Kleid. Er frisierte nur ganz wenig seine Spesenabrechnung. Ein weiterer Fleck. Die Kollegen tratschten über den neuen Angestellten und, anstatt wegzugehen, beteiligte er sich an dem Geschwätz. Wieder ein Fleck. Von unserem Standpunkt aus sind das keine schlimmen Dinge. Aber auf unseren Standpunkt kommt es nicht an. Für Gott sind diese Dinge Unrecht. Und Gott sieht Herrn Redlich als Menschen, der in Fehler gehüllt ist.

Wenn nichts geschieht, ist Hans Redlich der Mann ohne Hochzeitsgewand in dem Gleichnis. Sehen Sie, das Hochzeitsgewand ist die Gerechtigkeit Christi. Und wenn Hans mit seiner eigenen Anständigkeit bekleidet vor Christus steht, anstatt in der Rechtschaffenheit Christi, hört er, was der Mann in dem Gleichnis gehört hat. »›Mein Freund‹, fragte er ihn, ›wie kommt es, dass du hier bist, ohne feierlich gekleidet zu sein, wie es sich für eine Hochzeit gehört?‹ ... Da sagte der König zu seinen Dienern. ›Fesselt ihn an Händen und Füßen und werft ihn hinaus in die Dunkelheit, wo Weinen und Zähneknirschen herrschen‹« (Matthäus 22,12-13).

Was geschieht, wenn Hans seine Kleidung wechselt? Was geschieht, wenn er wie Jesaja sagt: »Aber nun sind wir alle wie die Unreinen und alle unsre Gerechtigkeit ist wie ein beflecktes Kleid« (Jesaja 64,5; Luther)? Nehmen wir an, er wendet sich an Jesus und betet: »Herr, nimm diese Lumpen weg und kleide mich in deine Barmherzigkeit.« Nehmen wir an, er bekennt seine Sünden und bittet Jesus um ein unbeflecktes Kleid.

Wenn er das tut, geschieht Folgendes. In einer Handlung, die nur für die Augen des Himmels sichtbar ist, schafft Jesus das befleckte Kleid beiseite und ersetzt es mit dem Gewand seiner Gerechtigkeit. Als Ergebnis ist Hans in Christus gekleidet. Und folglich ist er für die Hochzeit festlich angezogen.

Gott stellt nur eine Bedingung für den Eintritt in den Himmel: dass wir in Christus gekleidet sind.

Jesus beschreibt die Bewohner des Himmels so: »Weiß gekleidet werden sie mit mir gehen, denn sie sind es wert. Wer siegreich ist, wird in weiße Kleider gekleidet werden. Und ich werde seinen Namen nicht aus dem Buch des Lebens löschen, sondern vor meinem Vater und seinen Engeln bekennen, dass er zu mir gehört« (Offenbarung 3,4-5).

Hören Sie, wie die Ältesten beschrieben werden: »Rings um den Thron standen vierundzwanzig Throne, auf denen vierundzwanzig Älteste saßen. Sie trugen alle weiße Kleider und hatten goldene Kronen auf ihren Köpfen« (Offenbarung 4,4).

Und wie sind die Engel gekleidet? »Die in weißes, reines Leinen gekleideten Heerscharen des Himmels folgten ihm auf weißen Pferden« (Offenbarung 19,14).

Alle sind in Weiß gekleidet, die Heiligen, die Ältesten, die Engel. Wie denken Sie, dass Jesus gekleidet ist? In Weiß?

Das würde man annehmen. Von all den Leuten, die es wert sind, ein fleckenloses Kleid zu tragen, hat Jesus dies wohl am meisten verdient. Doch die Bibel sagt etwas anderes. »Dann sah ich den Himmel geöffnet, und es stand dort ein weißes Pferd. Und der, der auf dem Pferd saß, wird der Treue und Wahrhaftige genannt, weil er gerecht richtet und Krieg führt. Seine Augen waren wie Feuerflammen, und auf dem Kopf hatte er viele Kronen. Es stand ein Name auf seiner Stirn geschrieben, und nur er wusste, was dieser Name bedeutete. Er trug ein Gewand, das in Blut getaucht worden war, und sein Name ist: ›Das Wort Gottes‹« (Offenbarung 19,11-13).

Warum ist das Kleid von Jesus nicht weiß? Warum ist sein Mantel nicht fleckenlos? Warum ist sein Gewand in Blut getaucht? Die Antwort liegt in dem, was Jesus für Sie und mich getan hat. Paulus sagt einfach: »Er hat mit uns Platz getauscht« (vgl. Galater 3,13).

Er hat mehr getan, als nur unseren Mantel weggenommen. Er hat unseren Mantel angezogen. Und er trug unseren Mantel der Sünde zum Kreuz. Als er starb, floss sein Blut über unsere Sünden. Sie wurden durch sein Blut abgewaschen. Und deswegen haben wir keine Angst, dass wir an der Tür abgewiesen werden, wenn Christus kommt.

Wenn wir schon vom Abweisen an der Tür sprechen, so habe ich Ihnen den Rest der Geschichte von den Golfmeisterschaften noch nicht erzählt. Ich bin sicher, Sie sind gespannt, ob ich schließlich in die Garderobe gelangt bin oder nicht. Nun, Sie können sich denken, dass ich hineinkam.

Es ist üblich, dass die Golfspieler einen Tag vor dem Turnier ihren Caddies einen freien Nachmittag geben und einen

Freund oder Verwandten bitten, seine Stelle einzunehmen. Nun, Scott bat mich, sein Caddie zu sein. »Natürlich musst du den weißen Overall tragen«, erklärte er.

Und natürlich machte mir das gar nichts aus...

Als an diesem Nachmittag die Runde zu Ende war, machte ich mich auf den Weg ins Klubhaus. Durch dieselbe Tür, am selben Wachposten vorbei, trat ich ins innerste Heiligtum der Golfspieler. Was machte den Unterschied aus? An einem Tag wurde ich weggeschickt und am nächsten wurde ich willkommen geheißen. Warum diese Änderung?

Ganz einfach, ich trug die richtige Kleidung.

*Wenn der Herr zurückkommt und feststellt,
dass der Diener seine Aufgabe zu seiner
Zufriedenheit erfüllt,
ist der Diener glücklich zu schätzen.*

Matthäus 24,46

7. Kapitel

Schau, wer im Kreis der Gewinner ist!

Ein Tag der Belohnungen

Es ist Sonntag, 27. September 1998. Obwohl kaum Hoffnung besteht, dass die Mannschaft von St. Louis das Entscheidungsspiel der Baseballmeisterschaften gewinnt, ist der Baseballplatz zum Bersten voll. Schon drei Wochen vorher war er zum Bersten voll, als Mark McGwire Roger Maris' Homerun-Rekord mit einem 130-Meter-Schuss vom Klubfenster des Stadiums aus verhinderte. Am folgenden Tag war der Platz wieder zum Bersten voll, als 46 100 Fans und die halbe Menschheit zusahen, wie er den Rekord mit einem schnurgeraden Schuss über das Hindernis im linken Feld brach.

Und auch heute ist der Baseballplatz übervoll. Seit Freitag hat McGwire nicht einen oder zwei Homeruns, sondern drei gemacht. Seit 37 Jahren hat niemand mehr als 61 Homeruns in einer Saison geschafft; und jetzt hat der Schläger von St. Louis schon 68. Und es ist noch nicht zu Ende. Nummer 69: Die Menge tobt. Nummer 70: Die Fans springen auf, bevor er beim Schlagholz ankommt; sie stehen immer noch, als er schon längst am Schlagmal vorbei ist.

Sie bejubeln den Homerun. Sie bejubeln den neuen Rekord. Sie bejubeln den Typ, der den Ball fing. Sie bejubeln die Saison. Und sie bejubeln noch etwas anderes.

Jetzt spekuliere ich. Doch ich glaube wirklich, dass sie – dass wir – noch etwas anderes bejubelten. Wir jubelten, weil er tat, was wir einst tun wollten. Gab es nicht eine Zeit, in der Sie da sein wollten, wo Mark McGwire war? Denken Sie etwas zurück. Hat nicht einstmals Ihr jüngeres, idealistischeres Ich davon geträumt, den entscheidenden Ball zu schießen? Oder den Pulitzerpreis zu gewinnen? Oder ein Schlagerstar zu werden? Oder eine Flotte zu befehligen? Oder den Friedensnobelpreis zu erhalten? Oder einen Oscar?

Gab es nicht eine Zeit, als Sie mit einem Baseballschläger auf der Schulter und leuchtenden Augen zum Schlagmal gingen? Noch ein paar Jahre, und Sie würden aus der Jugendmannschaft in die Oberliga wechseln, und dann, Kumpels, aufgepasst – dann komme ich!

Doch die meisten von uns schaffen es nicht. Die Baseballschläger werden gegen Registrierkassen, Stethoskope oder Computer ausgetauscht. Und mit ein wenig Wehmut machen wir uns an die Aufgabe, unseren Lebensunterhalt zu verdienen. Wir haben verstanden: Nicht jeder kann ein Mark McGwire werden. Von einer Million, die danach streben, schafft es nur einer. Die große Mehrheit von uns schießt nicht den entscheidenden Ball, läuft nicht als Erster durchs Ziel, erringt keine Goldmedaille, hält nicht als bester Schüler die Abschiedsrede bei der Abschlussfeier.

Und das ist so in Ordnung. Wir haben verstanden, dass es im Haushaltsplan der Welt nur eine begrenzte Anzahl von Kronen gibt.

Der Haushaltsplan des Himmels ist jedoch wohltuend anders. Der Himmel belohnt nicht nur wenige Auserwählte, »sondern alle(n), die seine Rückkehr herbeisehnen« (2. Timotheus 4,8). Das kurze Wort *alle* ist ein Kleinod. Der Kreis der Gewinner ist nicht einer kleinen Elite vorbehalten, sondern einem ganzen Himmel voller Gotteskinder, die »die Krone des Lebens empfangen, die Gott verheißen hat denen, die ihn lieben« (Jakobus 1,12; Luther).

Aus dem Mund Jesu hören wir eine ähnliche Zusage: Die Geretteten Christi werden ihre Belohnung erhalten. »Wenn der Herr zurückkommt und feststellt, dass der Diener seine Aufgabe zu seiner Zufriedenheit erfüllt, ist der Diener glücklich zu schätzen« (Matthäus 24,46).

Diese Verheißung wird in den Briefen des Neuen Testaments wiederholt: »Denkt daran, dass der Herr jeden von uns für das Gute belohnen wird, das wir tun, ob wir nun Sklaven sind oder frei« (Epheser 6,8).

In den Seligpreisungen heißt es: »Freut euch darüber! Jubelt! Denn im Himmel erwartet euch eine große Belohnung« (Matthäus 5,12).

Eines wissen wir zumindest ganz sicher über das kommende Leben. Der Tag, an dem Jesus wiederkommt, ist ein Tag der Belohnung. Diejenigen, die auf Erden unbekannt blieben, werden im Himmel bekannt werden. Diejenigen, die nie von Menschen bejubelt wurden, werden von den Engeln bejubelt. Diejenigen, die nie lobende Worte von ihrem Vater gehört haben, werden von ihrem himmlischen Vater gelobt. Die Kleinen werden groß sein. Die Vergessenen werden in Erinnerung gebracht. Die Unbeachteten werden gekrönt und die Gläubigen geehrt. Und was McGwire auf dem Baseballplatz in St. Louis hörte, wird nichts sein im Vergleich zu dem, was Sie in der Gegenwart Gottes hören. McGwire erhielt eine Corvette. Sie werden eine Krone erhalten – ja, nicht nur eine, sondern drei. Würden Sie Spaß an einer kleinen Vorschau haben?

Die Krone des Lebens. »Selig ist der Mann, der die Anfechtung erduldet; denn nachdem er bewährt ist, wird er die Krone des Lebens empfangen, die Gott verheißen hat denen, die ihn lieb haben« (Jakobus 1,12; Luther).

Damit Sie die Ewigkeit richtig zu würdigen wissen, denken Sie an folgende Faustregel: Der Himmel wird wunderbar sein, nicht nur aufgrund dessen, was es dort gibt, sondern auch aufgrund dessen, was es dort nicht gibt. Können Sie das wiederholen? Mit Vergnügen. *Der Himmel wird wunderbar sein, nicht nur aufgrund dessen, was es dort gibt, sondern auch aufgrund dessen, was es dort nicht gibt.*

Als der Apostel Johannes alles aufschrieb, was er im Himmel sah, hat er auch das aufgeführt, was es dort nicht gab. Denken Sie an seine bekannte Aufzählung all der Dinge, die es »nicht mehr« geben wird. Gott »wird alle ihre Tränen abwischen, und es wird keinen Tod und keine Trauer und kein Weinen und keinen Schmerz mehr geben. Denn die erste Welt mit ihrem ganzen Unheil ist für immer vergangen« (Offenbarung 21,4).

Was steht an erster Stelle seiner Liste? *Es wird keinen Tod mehr geben.* Können Sie sich eine Welt ohne Tod vorstellen? Wenn ja, dann können Sie sich den Himmel vorstellen. Denn die Bürger des Himmels tragen die Krone des Lebens.

Was haben Sie heute getan, um den Tod zu vermeiden? Wahrscheinlich viel. Sie haben Pillen geschluckt, gekocht, gegessen und auf gesunde Ernährung geachtet. Warum? Warum all diese Mühen? Weil Ihnen daran liegt, am Leben zu bleiben. Im Himmel wird diese Sorge überflüssig sein.

In der Tat, Sie werden sich überhaupt keine Sorgen mehr machen. Manche Mütter machen sich Sorgen, dass ihren Kindern etwas zustößt. Im Himmel brauchen Sie sich darüber keine Sorgen mehr zu machen. Im Himmel wird es keine Schmerzen mehr geben. Manche haben Angst vor dem Alter. Im Himmel ist das nicht nötig. Wir alle werden immer stark bleiben. Reisende haben Angst vor einem Flugzeugabsturz. Im Himmel ist das nicht erforderlich. Soviel ich weiß, gibt es im Himmel keine Flugzeuge. Und wenn, dann stürzen sie nicht ab. Und wenn sie abstürzen, wird niemand sterben. Sie brauchen also keine Angst zu haben.

Vergangenen Sommer hatte ich Rückenschmerzen. Nichts Ernsthaftes, aber genug, um mich am Schlafen zu hindern. Ich musste unbedingt etwas unternehmen, um besser in Form zu sein. Also begann ich mit Gymnastik und hielt mich verhältnismäßig streng an mein Übungsprogramm. Nach einiger Zeit waren meine Rückenmuskeln gestärkt, ich hatte einige Pfunde verloren und fühlte mich recht kräftig. Wenn ich so weitermache, dachte ich, kann ich bald in einer Profifußballmannschaft mitspielen oder als Fotomodell für Gewichthebervereine oder Bodybuilding-Klubs posieren. Doch dann wäre fast alles umsonst gewesen. Eine Frau hat eine rote Ampel übersehen und wäre fast auf mich aufgefahren. Wir konnten gerade noch den Zusammenstoß vermeiden und fuhren weiter, aber es war knapp. Mein athletischer Körper hätte verletzt werden können! Als ich weiterfuhr, durchfuhr mich ein doofer Gedanke: *Ist das der Lohn für all meine Mühen? Ich meine, ich bin gelaufen, habe mich vernünftig ernährt, habe Gewichte gestemmt, und ohne eigenes Verschulden wäre innerhalb einer Sekunde alles umsonst gewesen.*

Ist so nicht der Gang des Lebens? Wir sind vergängliche Geschöpfe. Natürlich ist mein Erlebnis unbedeutend im Vergleich zu dem, was andere verloren haben. Denken Sie an eine Mutter, die ein totes Kind zur Welt bringt. Denken Sie an den Mann, der sein Leben lang schwer arbeitet und als er seine Rente genießen will, an Krebs stirbt. Denken Sie an den jungen Athleten, der hart trainiert und seine sportliche Laufbahn aufgrund einer Verletzung aufgeben muss. Wir sind nicht aus Stahl, sondern aus Staub. Und dieses Leben wird nicht mit Leben gekrönt, sondern mit dem Tod.

Das künftige Leben jedoch ist anders. Jesus ermahnte die Christen von Smyrna: »Sei getreu bis an den Tod, so will ich dir die Krone des Lebens geben« (Offenbarung 2,10; Luther).

Jetzt möchte ich über eine weitere Krone sprechen, die wir im Himmel erhalten werden.

Die Krone der Gerechtigkeit. »Ich habe den guten Kampf gekämpft, ich habe den Lauf vollendet, ich habe Glauben gehalten; hinfort liegt für mich bereit die Krone der Gerechtigkeit, die mir der Herr, der gerechte Richter, an jenem Tag geben wird, nicht aber mir allein, sondern auch allen, die seine Erscheinung lieb haben« (2. Timotheus 4,7-8; Luther).

Das Wort *Gerechtigkeit* ist leicht zu verstehen. Es bedeutet einfach, in der rechten Beziehung zu Gott zu stehen. Der Apostel Paulus freut sich auf den Tag, an dem er in Gerechtigkeit gekrönt wird. Wer seine Bibel gut kennt, könnte jetzt eine Frage stellen. Sind wir nicht bereits gerecht? Habe ich nicht eben ein Kapitel gelesen, in dem steht, dass wir mit Gerechtigkeit bekleidet werden, wenn wir Christen werden? Ja, das stimmt.

Warum bekommen wir dann noch eine Krone der Gerechtigkeit? Was geschieht im Himmel, das noch nicht auf der Erde geschehen ist? Das ist eine gute Frage, und die Antwort kann mithilfe einer der Lieblingsanalogien des Apostels Paulus gefunden werden, der Analogie der Adoption.

Als wir in Rio de Janeiro wohnten, lernten wir mehrere amerikanische Familien kennen, die nach Brasilien kamen, um ein Kind zu adoptieren. Sie verbrachten Tage, manchmal sogar Wochen in diesem Land mit einer anderen Sprache und einer fremden Kultur. Sie kämpften mit der Bürokratie und zahlten beträchtliche Gebühren, alles in der Hoffnung, ein Kind in die Vereinigten Staaten mitnehmen zu können.

In einigen Fällen wurde die Adoption noch vor der Geburt des Kindes abgeschlossen. Aus finanziellen Gründen mussten manche Ehepaare oft in die Vereinigten Staaten zurückkehren, während sie auf die Geburt ihres Kindes warteten. Denken Sie über ihre Situation nach: Die Papiere waren unterschrieben, das Geld bezahlt, doch das Kind war noch nicht geboren. Sie mussten bis zur Geburt warten, bevor sie nach Brasilien zurückkehren und Anspruch auf das Kind erheben konnten.

Hat Gott nicht das Gleiche für uns getan? Er trat in unsere Kultur ein, kämpfte gegen Widerstand und zahlte den unsäglichen Preis, der für die Adoption erforderlich war. Rechtlich gesehen gehören wir ihm. Wir sind sein Eigentum. Wir haben alle gesetzlichen Vorrechte eines Kindes. Wir warten nur auf seine Rückkehr. Paulus schrieb, wir »erwarten sehnsüchtig den Tag, an dem Gott uns in unsere vollen Rechte als seine Kinder einsetzen ... wird« (Römer 8,23).

Wir stehen bereits jetzt in der rechten Beziehung; wir sind mit Christus bekleidet. Doch wenn Jesus kommt, wird die Beziehung noch »rechter« gemacht. (Ich weiß, das ist schlechtes Deutsch.) Unsere Garderobe wird komplett sein. Wir werden mit Gerechtigkeit gekrönt. Wir werden richtig mit Gott verbunden sein.

Denken Sie nach, was das bedeutet. Was hält Menschen von einer rechten Beziehung zu Gott ab? Die Sünde. Und wenn der Himmel eine rechte Beziehung zu Gott verspricht, was gibt es dann im Himmel nicht? Sie haben es erraten: Sünde. Im Himmel wird es keine Sünde geben. Tod und Sünde werden der Vergangenheit angehören.

Ist das von Bedeutung? Ich denke schon. Wir haben bereits versucht, uns eine Welt ohne Tod vorzustellen; tun wir das Gleiche mit der Sünde. Können Sie sich eine Welt ohne Sünde vorstellen? Haben Sie in letzter Zeit irgendetwas aufgrund von Sünde getan?

Zumindest haben Sie sich beklagt, Sie haben sich Sorgen gemacht, Sie haben genörgelt. Sie haben gehamstert, wo Sie hätten teilen sollen. Sie haben sich abgewandt, wo Sie hätten helfen sollen. Sie haben kritisiert und Dinge vertuscht. Im Himmel werden Sie das nicht tun.

Wegen der Sünde haben Sie Menschen, die Sie lieben, angeschnauzt oder mit ihnen gestritten. Sie schämen sich, fühlen sich schuldig, sind verbittert. Sie haben Magengeschwüre, schlaflose Nächte, trübe Tage und einen Schmerz im Nacken. Im Himmel wird es das alles nicht mehr geben.

Wegen der Sünde werden junge Menschen misshandelt und alte Menschen vergessen. Wegen der Sünde wird Gott gelästert, und Drogen werden hoch geschätzt. Wegen der Sünde bekommen die Armen immer weniger und die Wohlhabenden wollen immer mehr. Wegen der Sünde haben Babys keine Väter und werden Männer von ihren Frauen verlassen. Doch im Himmel wird die Sünde keine Macht haben; in der Tat, es wird dort gar keine Sünde geben.

Die Sünde ist die Ursache für zahlloses Herzeleid; Millionen Versprechen wurden wegen ihr gebrochen. Ihre Sucht kann auf die Sünde zurückgeführt werden. Ihr Argwohn kann auf die Sünde zurückgeführt werden. Fanatismus, Raub, Ehebruch – all das geschieht infolge von Sünde. Doch im Himmel wird das alles ein Ende haben.

Können Sie sich eine Welt ohne Sünde vorstellen? Wenn ja, dann können Sie sich den Himmel vorstellen.

Ich möchte dieses Versprechen etwas konkreter erklären.

Vor einiger Zeit stellte mir ein Bekannter eine sehr ehrliche Frage über die Ewigkeit. Die Frage stand in Zusammenhang mit seiner ehemaligen Ehefrau. Sie ist jetzt Christin und er ist jetzt Christ. Aber ihr Verhältnis zueinander ist immer noch eisig. Er fragte sich, wie er sich fühlen würde, wenn er sie im Himmel sähe.

Ich sagte ihm, er würde sich prima fühlen. Ich sagte ihm, er würde begeistert sein, sie wiederzusehen. Warum? Nun, wodurch wird Spannung zwischen den Menschen verursacht? Durch *Sünde*. Wenn es keine Sünde gibt, gibt es auch keine Spannungen. Wirklich keine. Keine Spannung zwischen ehemaligen Ehepartnern, zwischen Schwarz und Weiß, zwischen Opfern und Tätern von Misshandlungen, nicht einmal mehr zwischen einem Mordopfer und dem reuigen Mörder.

Die herrliche Weissagung aus Jesaja 11 wird sich bewahrheiten: »Da werden die Wölfe bei den Lämmern wohnen und die Panther bei den Böcken lagern. Ein kleiner Knabe wird Kälber und junge Löwen und Mastvieh miteinander treiben« (Jesaja 11,6; Luther).

Fast tausend Jahre später hat Johannes eine ähnliche Zusicherung gegeben. Der Himmel wird wunderbar sein, sagte er, nicht nur aufgrund dessen, was es dort gibt, sondern auch aufgrund dessen, was es dort nicht gibt. Gott »wird alle ihre Tränen abwischen, und es wird keinen Tod und keine Trauer und kein Weinen und keinen Schmerz mehr geben« (Offenbarung 21,4).

Die Aufzählung von Johannes hätte unbegrenzt weitergeführt werden können. Da es im Himmel keine Sünde und keinen Tod gibt, wird es auch _____ nicht mehr geben. Tragen Sie selbst hier etwas ein. Kein Aspirin mehr, keine Chemotherapie, keine Rollstühle, keine Ehescheidung, keine Gefängniszellen oder gebrochene Herzen, keine verkrüppelten Glieder oder Verkehrsunfälle mehr.

Die Krone des Lebens erhalten bedeutet, dass es keinen Tod mehr gibt. Die Krone der Gerechtigkeit erhalten bedeutet, dass es keine Sünde mehr gibt. Und die Krone der Herrlichkeit empfangen bedeutet, dass es keine Niederlage mehr gibt. Befassen wir uns mit dieser letzten Krone.

Die Krone der Herrlichkeit. »So werdet ihr, wenn erscheinen wird der Erzhirte, die unvergängliche Krone der Herrlichkeit empfangen« (1. Petrus 5,4; Luther).

Es ist interessant, dass Mark McGwire fast aufgegeben hätte. In der Oberschule hätte er fast Baseball aufgegeben, um Golf spielen zu können. Aber er hat es nicht getan. Etwas hielt ihn zurück. Ein paar Jahre später, er war schon Profi, hätte er wieder fast aufgegeben. Weder über seine Ehe noch über die Saison konnte er seinen Eltern etwas Nennenswertes schreiben. Er sagte seiner Frau, dass er aufhören würde, aber irgendetwas zog ihn auf den Baseballplatz zurück. Dann erlitt er mehrere Fußverletzungen. Zwischen 1992 und 1995 musste er sich mehreren Operationen unterziehen und versäumte zwei Drittel der Spiele. Er sagte seinen Eltern, dass er aufhören würde. Aber irgendetwas hielt ihn zurück.

Was hielt ihn zurück? Ein Traum. Irgendwoher hatte er die Idee, dass er es schaffen konnte. Lange bevor sein Name in einem Atemzug mit Ruth und Maris genannt wurde, lange bevor er der Schläger von St. Louis oder Big Mac genannt wurde, lange bevor die Fans an seinen Erfolg glaubten, dachte er, dass er es schaffen konnte. Er träumte, dass er den Rekord brach. Er konzentrierte sich auf den Preis und gab nicht auf.

Darf ich mit einem besonderen Wort für eine besondere Gruppe schließen? Einige von Ihnen haben nie in Ihrem Leben einen Preis gewonnen. Oh, vielleicht waren Sie Gruppenführer bei den Jungpfadfindern oder Sie waren bei einer Weihnachtsfeier für die Getränke zuständig, aber das war alles. Sie haben nie viel gewonnen. Sie haben beobachtet, wie die Mark McGwires dieser Welt ihre Trophäen nach Hause trugen oder Ordensbänder bekamen. Sie sind leer ausgegangen.

Wenn das auf Sie zutrifft, dann werden Sie sich über diese Zusage besonders freuen: »So werdet ihr, wenn erscheinen wird der Erzhirte, die unvergängliche Krone der Herrlichkeit empfangen« (1. Petrus 5,4; Luther).

Ihr Tag wird kommen. Ihr himmlischer Vater erinnert sich an alles, was die Welt übersehen hat, und eher als Sie es sich vorstellen können, werden Sie von ihm gesegnet. Betrachten Sie seine Zusage aus der Feder von Paulus: »Dann wird einem jeden von Gott sein Lob zuteil werden« (1. Korinther 4,5; Luther).

Welch unglaublicher Satz. *Dann wird einem jeden von Gott sein Lob zuteil werden.* Nicht »den Besten«, auch nicht »wenigen«, und nicht »den Erfolgreichen«, sondern »einem jeden wird von Gott sein Lob zuteil werden«.

Sie werden nicht übergangen. Dafür sorgt Gott schon. In der Tat wird Gott selbst Sie loben. Wenn es darum geht, jemandem Anerkennung zukommen zu lassen, überträgt Gott die Aufgabe keinem anderen. Der Erzengel Michael verteilt keine Kronen. Gabriel spricht nicht im Namen des Thrones. Gott selbst überreicht die Auszeichnungen. Gott selbst wird seine Kinder loben.

Und es kommt noch besser: Das Lob ist persönlich! Paulus schreibt: »Dann wird einem jeden von Gott sein Lob zuteil werden« (1. Korinther 4,5; Luther). Auszeichnungen werden nicht einem bestimmten Volk, einer bestimmten Kirchengemeinde oder einer bestimmten Generation verliehen. Die Kronen werden eine nach der anderen verliehen. Gott selbst wird Ihnen in die Augen schauen und Sie mit den Worten segnen: »Gut gemacht, mein guter und treuer Diener. Du bist mit diesem kleinen Betrag zuverlässig umgegangen, deshalb will ich dir größere Verantwortung übertragen. Lass uns miteinander feiern!« (Matthäus 25,23).

Mit diesen Gedanken möchte ich Sie inständig bitten, stark zu bleiben. Geben Sie nicht auf. Schauen Sie nicht zurück. Lassen Sie Jesus zu Ihrem Herzen sprechen, wenn er sagt: »Halte, was du hast, dass niemand deine Krone nehme« (Offenbarung 3,11; Luther).

Denn seid ihr nicht unsere Hoffnung und Freude und unser Stolz, wenn Jesus, unser Herr, wiederkommt und wir vor ihm stehen werden?

1. Thessalonicher 2,19

8. Kapitel
Du würdest es alles wieder tun
Ein Tag angenehmer Überraschungen

Oskar Schindler hatte einige nicht gerade erfreuliche Charaktereigenschaften. Er war ein Schürzenjäger und ein starker Trinker. Er bestach Beamte und war Mitglied der NSDAP. Doch tief in seinem Herzen lag wie ein Diamant das Mitleid mit den zum Tode bestimmten polnischen Juden in Krakau.

Schindler wollte die Menschen retten, die Hitler umbringen wollte. Er konnte sie nicht alle retten, aber einige wenige, und er tat, was er konnte. Was als gewinnbringende Fabrik begann, wurde zum Zufluchtsort für elfhundert Glückliche, deren Namen auf seine Liste – Schindlers Liste – eingetragen wurden.

Wenn Sie den Film gleichen Namens gesehen haben, erinnern Sie sich an das Ende der Geschichte. Mit der Niederlage der Nazis wurden die Rollen vertauscht. Jetzt wurde Schindler gejagt und die Gefangenen wurden frei. Oskar Schindler macht sich daran, in die Nacht zu entschwinden. Als er zu seinem Auto geht, stehen die Fabrikarbeiter auf beiden Seiten der Straße Spalier. Sie sind gekommen, um dem Mann zu danken, der sie gerettet hat. Einer der Juden übergibt Schindler einen Brief, der von jeder Person unterschrieben wurde und in dem seine Tat dokumentiert wird. Er erhält auch einen Ring, der aus dem Gold geschmiedet war, das dem Zahn eines Arbeiters entnommen war. Darauf ist ein Vers aus dem Talmud eingraviert: »Wer ein Leben rettet, rettet die ganze Welt.«

In diesem Augenblick, in der kalten polnischen Nacht, ist Schindler von den Befreiten umgeben. Eine Reihe Gesichter nach der anderen. Männer mit ihren Frauen, Eltern mit ihren

Kindern. Sie wissen, was Schindler für sie getan hat und werden es nie vergessen.

Welche Gedanken schossen Schindler in diesem Augenblick durch den Kopf? Welche Empfindungen kommen auf, wenn jemand den Menschen gegenübersteht, deren Leben er verändert hat?

Eines Tages werden Sie es herausfinden. Schindler sah die Gesichter der Befreiten. Auch Sie werden sie sehen. Schindler hörte die Dankbarkeit der Erlösten; Sie werden das Gleiche hören. Er stand in der Gemeinschaft der geretteten Seelen und das Gleiche erwartet auch Sie.

Wann wird das geschehen? Es wird geschehen, wenn Christus kommt. Die Verheißung aus 1. Thessalonicher 2,19 ist nicht auf den Apostel Paulus beschränkt. Ich werde es erklären. »Denn seid ihr nicht unsere Hoffnung und Freude und unser Stolz, wenn Jesus, unser Herr, wiederkommt und wir vor ihm stehen werden?« (1. Thessalonicher 2,19).

Etwa sechs Monate zuvor hatte Paulus Thessalonich verlassen. Er, Timotheus und Silas hatten drei gesegnete Wochen in der Stadt verbracht. Das Ergebnis ihres Aufenthalts war eine kleine Kerngruppe von Gläubigen. Lukas beschreibt die Gemeinde kurz in einem Satz: »Einige Zuhörer ließen sich überzeugen und bekehrten sich, darunter zahlreiche gottesfürchtige Griechen sowie viele angesehene Frauen der Stadt« (Apostelgeschichte 17,4).

Eine bunt gemischte Schar nahm am ersten Gottesdienst teil: einige Juden, einige Griechen, einige einflussreiche Frauen, aber alle waren davon überzeugt, dass Jesus der Messias ist. Und innerhalb kurzer Zeit zahlten alle einen Preis für ihren Glauben. Das ist ganz wörtlich zu verstehen. Die jungen Gläubigen wurden vor die Stadtobersten geschleppt und mussten eine Kaution hinterlegen, damit sie freigelassen wurden. In dieser Nacht halfen sie Paulus, Timotheus und Silas, heimlich aus der Stadt zu fliehen.

Paulus zieht weiter, aber ein Teil seines Herzens blieb in Thessalonich zurück. Die kleine Gemeinde ist so jung, so schwach und – so besonders. Allein der Gedanke an sie macht ihn stolz. Er sehnt sich danach, sie wiederzusehen. »Wir danken Gott immer wieder für euch alle und beten ständig für euch« (1. Thessalonicher 1,2). Er träumt von dem Tag, an dem er sie wiedersehen kann, und träumt noch mehr von dem Tag, an dem er mit ihnen zusammen Jesus sehen wird.

Achten Sie auf das, was er ihnen schreibt: »Denn seid ihr nicht unsere Hoffnung und Freude und unser Stolz, wenn Jesus, unser Herr, wiederkommt und wir vor ihm stehen werden?« (1. Thessalonicher 2,19). Dieser Vers beschwört ein Bild herauf, das an das Bild von Schindler und den Überlebenden erinnert. Ein Treffen zwischen den Befreiten und dem, der sie zur Freiheit geführt hat. Ein Augenblick, in dem die Geretteten den treffen können, der sie zum Heil geführt hat.

In diesem Fall wird Paulus die Thessalonicher treffen. Er wird in der Menge nach den Gesichtern seiner Freunde suchen. Sie werden ihn finden und er wird sie finden. Und in der Gegenwart Jesu werden sie sich über ihre ewige Wiedervereinigung freuen.

Versuchen Sie sich vorzustellen, dass Sie das Gleiche tun. Denken Sie über den Tag nach, an dem Jesus wiederkommt. Sie stehen in der großen Schar der Erlösten. Ihr Körper wurde neu gemacht – keine Schmerzen und keine Probleme mehr. Ihr Verstand wurde neu gemacht – was Sie früher nur teilweise verstanden haben, verstehen Sie jetzt klar. Sie empfinden keine Angst, keine Gefahr, keinen Kummer. Obwohl Sie in einer riesigen Menschenmenge stehen, ist es, als seien Sie und Jesus ganz alleine.

Und dann stellt er Ihnen eine Frage. Ich spekuliere jetzt, aber ich frage mich, ob Jesus vielleicht folgende Worte zu Ihnen sagt: »Ich bin so stolz, dass du dich von mir gebrauchen ließest. Wegen dir sind andere heute hier. Möchtest du sie gerne treffen?«

Wahrscheinlich wären Sie über eine solche Aussage erstaunt. Es ist klar, dass Paulus solche Worte hört. Er war ein Apostel.

Wir können uns auch vorstellen, dass ein Missionar oder ein berühmter Evangelist diese Worte hört – aber wir?

Die meisten von uns fragen sich, welchen Einfluss sie haben. (Das ist gut, denn wenn wir es wüssten, könnten wir arrogant werden.) Die meisten von uns können die Worte aus Matthäus 25 nachsprechen: »Herr, wovon sprichst du?« (vgl. V. 37).

An dieser Stelle könnte Jesus – und dies sind jetzt wieder reine Spekulationen – sich an die Menge wenden und sie einladen. Mit seiner Hand auf Ihrer Schulter verkündet er: »Sind hier Leute, die von diesem meinem Kind beeinflusst wurden?« Einer nach dem andern beginnen sie, nach vorne zu kommen.

Als Erster kommt Ihr Nachbar, ein mürrischer Alter, der nebenan wohnte. Ehrlich gesagt hätte ich ihn hier nicht erwartet. »Du hast nie gewusst, dass ich dich beobachtete«, erklärt er. »Und wegen dir bin ich hier.«

Und dann kommt eine Gruppe von Leuten, ein halbes Dutzend oder so. Einer spricht für die anderen und sagt: »Als wir Kinder waren, hast du mit dem Jugendkreis ausgeholfen. Du hast deinen Mund nicht oft aufgemacht, aber du hast dein Haus geöffnet. In deinem Wohnzimmer wurden wir Christen.«

Die Reihe wird länger. Ein Mitarbeiter bemerkte, wie Sie Ihre Laune unter Kontrolle hielten. Eine Dame am Empfang erwähnt, dass Sie sie jeden Morgen grüßten.

Eine Frau, an die Sie sich gar nicht erinnern, spricht davon, dass Sie sie im Krankenhaus getroffen haben. Sie besuchten eine Bekannte im Nachbarbett und beim Weggehen hielten Sie an und sagten ein Wort der Hoffnung zu dieser Fremden, die so einsam aussah.

Am meisten erstaunt sind Sie über die Menschen aus anderen Ländern. Schließlich waren Sie nie in Asien oder Afrika oder Lateinamerika, aber schauen Sie! Kambodschaner, Nigerianer, Kolumbianer. Wie haben Sie diese Menschen beeinflusst? Jesus erinnert Sie an die Missionare, denen Sie begegnet sind. Ihre Freunde sagten, Sie hatten eine Schwäche für sie.

Sie gaben jedes Mal Geld. »Ich kann nicht gehen, aber ich kann jemanden schicken«, sagten Sie immer. Jetzt verstehen Sie; Sie hatten keine Schwäche, Sie hatten den Heiligen Geist. Und weil Sie dem Heiligen Geist gehorchten, möchten sich Utan aus Kambodscha, Kinsley aus Nigeria und Maria aus Kolumbien bedanken.

Es dauert nicht lange und Sie und Ihr Heiland sind von einer herrlichen Ansammlung von Seelen umringt, die Sie berührt haben. Einige kennen Sie, die meisten aber nicht. Doch allen gegenüber empfinden Sie das Gleiche. Sie empfinden, was Paulus für die Thessalonicher empfand: Stolz. Sie verstehen, was er meinte, als er sagte: »Denn seid ihr nicht unsere Hoffnung und Freude und unser Stolz, wenn Jesus, unser Herr, wiederkommt und wir vor ihm stehen werden?« (1. Thessalonicher 2,19).

Dies ist kein hochmütiger Schaut-was-ich-getan-habe-Stolz. Vielmehr eine von Ehrfurcht ergriffene Freude, die erklärt: »Ich bin so stolz auf euren Glauben.«

Doch Jesus ist noch nicht fertig. Er hebt sich gerne das Beste für den Schluss auf, und ich kann nicht anders als annehmen, dass er das auch im Himmel tun wird. Sie haben die Nachbarn, die Mitarbeiter, Menschen, die Sie kaum kannten und die Ausländer, die Sie überhaupt nicht kannten, gesehen, aber da ist noch eine andere Gruppe. Und Jesus teilt die Menge, damit Sie sie sehen können.

Ihre Familie.

Zuerst umarmt Sie Ihr Ehepartner. Es gab Zeiten, da haben Sie sich gefragt, ob einer von Ihnen es wohl schaffen würde. Aber jetzt hören Sie ein Flüstern ins Ohr: »Danke, dass du mich nicht aufgegeben hast.«

Dann Ihre Eltern. Nicht so schwächlich, wie Sie sie zuletzt gesehen haben, sondern kraftstrotzend und erneuert. »Wir sind stolz auf dich«, sagen sie. Dann kommen Ihre Kinder. Die Kinder, für die Sie gesorgt und gebetet haben. Sie danken Ihnen immer und immer wieder. Sie wissen, wie schwer es war, und wie Sie alles taten, was Sie konnten, und sie danken Ihnen.

Dann einige Gesichter, die Sie nicht erkennen. Man hat Ihnen gesagt, dies seien Enkel und Urenkel und Nachkommen, die Sie bis zu diesem Tag nie gesehen haben. Wie die anderen danken sie Ihnen für das ererbte Vermächtnis des Glaubens.

Sie danken Ihnen.

Wird ein solcher Augenblick wirklich eintreten? Ich weiß es nicht. Aber wenn, dann können Sie sich zweier Dinge sicher sein. Erstens, seine Größe und Herrlichkeit wird jede Beschreibung bei Weitem übertreffen. »Kein Auge hat je gesehen, kein Ohr je gehört und kein Verstand je erdacht, was Gott für diejenigen bereithält, die ihn lieben« (1. Korinther 2,9). Das »keiner« schließt gewiss auch den Autor dieses Buches ein.

Zweitens, wenn solch ein Augenblick der Wiedervereinigung eintritt, dann können Sie sicher sein, dass Sie kein Opfer bereuen, das Sie für das Reich Gottes gebracht haben. Die Stunden des Dienstes für Christus? Sie werden sie nicht bereuen. Das Geld, das Sie gaben? Sie würden es tausendmal wieder geben. Die Zeiten, in denen Sie den Armen halfen und die Verlorenen liebten? Sie würden es wieder tun.

Oskar Schindler hätte es auch wieder getan. Zu Beginn des Kapitels fragten wir uns über Schindlers Schlussgedanken. Wir fragten uns, was er empfand, als ihn all die Menschen umgaben, die er gerettet hatte. Sein letztes Auftreten im Film gibt uns einen guten Hinweis. Da, in der Gegenwart der Überlebenden, steckt er den Brief in seinen Mantel. Er nimmt den Ring an, schaut von Gesicht zu Gesicht. Zum ersten Mal zeigt er Gefühle. Er wendet sich an Isaac Stern, den Vorarbeiter der Fabrik, und sagt etwas so leise, dass Stern ihn bittet, es zu wiederholen. Er tut es. »Ich hätte mehr tun können«, sagt er und zeigt auf ein Auto, das er hätte verkaufen können. »Damit hätte man zehn Gefangene freikaufen können.« Mit der goldenen Nadel an seinem Revers hätte er einen Beamten bestechen können, zwei weitere freizulassen. In diesem Augenblick ist Schindlers Leben auf einen einzigen Wert reduziert. Der Profit ist vergessen. Die Fabrik zählt nicht mehr. All die Tränen und die Tragödie des Albtraums schlagen sich in einer einzigen Wahrheit nieder. Menschen. Nur eines zählt – Menschen.

Ich denke, Sie empfinden das Gleiche. Oh, Sie werden kein Bedauern empfinden. Im Himmel gibt es kein Bedauern. Unser Gott ist zu gütig, als dass er uns all die Gelegenheiten vor Augen stellt, die wir versäumt haben. Aber er freut sich, uns die Gelegenheiten zu zeigen, die wir genutzt haben. In diesem Augenblick, wenn Sie die Menschen sehen, die Sie mit Gottes Hilfe lieben konnten, dann wage ich zu sagen, Sie würden alles wieder tun.

Sie würden Windeln wechseln, Autos reparieren, Unterricht vorbereiten, Dächer ausbessern. Ein Blick in die Augen der Menschen, die Sie lieben, und Sie würden alles wieder tun.

Dann wurde der Teufel, der sie betrogen hatte, zu dem Tier und dem falschen Propheten in den Feuersee geworfen, der mit Schwefel brennt. Und sie werden in alle Ewigkeit gequält werden Tag und Nacht.

Offenbarung 20,10

9. Kapitel

Der letzte Tag des Bösen

Ein Tag der Abrechnung

Meine Theaterkarriere erreichte ihren Höhepunkt, als ich neun Jahre alt war. Ich war stolzes Mitglied des Knabenchors von Odessa, einer Gruppe von dreißig Jungen, deren Hauptaufgabe darin bestand, bei Damendiners und Treffen des Lions Club zu singen.

Unser großer Durchbruch kam während meines zweiten Jahres im Chor. Die Theatergruppe des örtlichen Gymnasiums brauchte einige Jungen, die die Mümmler in ihrem Theaterstück *Der Zauberer von Oos* spielen sollten. Sie fragten, ob wir daran interessiert wären. *Interessiert* war nicht das richtige Wort. Wir waren Feuer und Flamme. Vorbei waren die Damennachmittage. Größeres wartete auf uns.

Doch unsere kleinen Mümmler-Füße berührten die Bühne nicht vor der Hauptprobe. Wir probten zu einer anderen Zeit und an einem anderen Ort. Wir vom Chor lernten unsere Rolle unabhängig von der Theatergruppe des Gymnasiums. Wir sahen nie Dorothee. Wir hörten nichts von der Vogelscheuche und wussten ganz bestimmt nichts vom Zauberer.

Es war hier von Bedeutung, dass ich die Handlung nicht kannte. Man könnte annehmen, dass jeder die Geschichte von der Straße mit den gelben Ziegelsteinen kannte. Aber ich nicht. Als ich aufwuchs, wurde *Der Zauberer von Oos* einmal im Jahr, immer an einem Sonntagabend, im Fernsehen gebracht. Alle meine Freunde, die ganze Schule – wahrlich die ganze freie Welt – blieben zu Hause und schauten den *Zauberer von Oos* an. Nur ich nicht. Sonntagabend war bei uns Gottesdienst und ich musste irgendeinem doofen Prediger zuhören ... (Oh, Entschuldigung. Wahrscheinlich reagiere ich eine unterdrückte Wut aus Kindertagen ab.)

Kurz gesagt, ich hatte vom *Zauberer von Oos* gehört, hatte den Film aber nie gesehen. Folglich kannte ich die Geschichte nicht. Am Tag der Hauptprobe wusste ich nicht viel. Da wir nicht mit der Theatergruppe geübt hatten, dachte ich, wir seien die Hauptdarsteller. Ich hatte wohl gehört, dass der Direktor von Nebendarstellern gesprochen hatte, doch ich nahm an, dass wir die Hauptrolle spielten und die anderen die Nebenrollen. Mit anderen Worten, die Stadt Odessa in Texas würde massenweise uns, die Mümmler, anschauen. Und nicht nur uns Mümmler, sondern insbesondere mich als Mümmler.

Sehen Sie, ich versuche dies bescheiden zu berichten (das ist schwer) – aber ich war ein besonderer Mümmler. Ich war Teil der »Schlummerlied-Gilde«. Vielleicht erinnern sich einige von Ihnen daran, dass es zwei Chöre innerhalb des großen Chores der Mümmler gab. Der eine war die »Bonbon-Gilde«, der andere die »Schlummerlied-Gilde«. Mit viel Talent traten wir, die anderen drei Mümmler und ich, im passenden Augenblick vor, überreichten dem Bauernmädchen aus Kansas ein Geschenk und sangen: »Im Namen der Schlummerlied-Gilde, willkommen im Mümmler-Land.«

Vor der Hauptprobe hatten wir nie mehr gemacht. Folglich wusste ich nicht mehr. Ich nahm an, dass das Spiel mit meiner Überreichung des Geschenks zu Ende war. Manche Nacht beim Einschlafen stellte ich mir vor, wie Dorothee zu meinen Füßen sank und die Menge um eine Zugabe von Max, dem Mümmler, rief. Agenturen würden anrufen, Hollywood und Broadway würden bitten. Meine Karriere hätte begonnen.

Stellen Sie sich meine Enttäuschung vor, als ich die Wahrheit erfuhr. Schließlich waren wir auf der richtigen Bühne mit den Hauptdarstellern. Wir sangen unser Schlummerlied-Gilde-Lied, aber anstatt Hervorrufe vor den Vorhang zu üben, strich der Direktor uns über die Haare und trieb uns schnell weg mit den Worten: »Nett gemacht, kleine Mümmler.« Ich war bestürzt. »Heißt das, dass die Show ohne mich weitergeht?« Ja, sie ging weiter, und ich sollte die Fortsetzung sehen.

Aus einer Rauchwolke schallte das Feixen einer bösen Hexe. Sie stürmte quer über die ganze Bühne, mit wehendem Umhang und flatternden Händen. Ich war fast zu Tode erschreckt! Erzählt mir nichts von Herzklopfen auf der Bühne. Man brauchte mir nicht zu sagen, ich sollte Angst spielen. Wer hatte etwas von einer Hexe erzählt?! Ich wusste nichts von einer Hexe.

Ich hätte natürlich von der Hexe gewusst, wenn ich die Geschichte gekannt hätte.

Übrigens können wir den gleichen Fehler, den ich auf der Bühne machte, im Leben machen. Wenn wir das Ende des Drehbuchs nicht kennen, ist es möglich, dass wir während des Spiels Angst bekommen. Deshalb ist es angeraten, gründlich über den letzten Akt nachzudenken.

Die Anwesenheit Satans ist einer der Gründe, weshalb manche Menschen sich vor der Wiederkunft Jesu fürchten. Das ist verständlich. Begriffe wie »Harmagedon«, »Feuersee« und »scharlachrotes Tier« können dem Tapfersten Furcht einjagen. Und insbesondere Menschen, die Gott nicht kennen, haben Grund zur Angst. Aber Menschen, die in Christus gekleidet sind? Nein. Sie brauchen nur die letzten Worte der Bibel über den Teufel lesen. »Dann wurde der Teufel, der sie betrogen hatte, zu dem Tier und dem falschen Propheten in den Feuersee geworfen, der mit Schwefel brennt. Und sie werden in alle Ewigkeit gequält werden Tag und Nacht« (Offenbarung 20,10).

Gott hat das Ende nicht geheim gehalten. Er will, dass wir eine anschauliche Darstellung bekommen. Wir sollen wissen, dass er gewinnt. Und er will auch, dass wir wissen, dass das Böse, dessen Zeuge wir auf der Bühne des Lebens werden, nicht so mächtig ist, wie wir denken.

In vielen Abschnitten der Bibel werden diese Wahrheiten dargelegt, doch meine Lieblingsstelle steht im Lukasevangelium. Jesus spricht die Worte in der Nacht vor seinem Tod.

Er feiert gerade das Passahmahl mit seinen Jüngern. Sie sind schockiert über die Prophezeiung, dass einer von ihnen den Herrn verraten würde. Ihre abwehrende Haltung führt zu einem Streit, und der Streit führt dazu, dass Jesus sie zum Dienen auffordert.

Dann wendet sich Jesus unvermittelt mit einer außergewöhnlichen Äußerung an Simon Petrus: »Simon, Simon, siehe, der Satan hat begehrt, euch zu sieben wie den Weizen. Ich aber habe für dich gebetet, dass dein Glaube nicht aufhöre. Und wenn du dereinst dich bekehrst, so stärke deine Brüder« (Lukas 22,31-32; Luther).

Dieser Abschnitt ermöglicht uns einen flüchtigen Blick in eine unsichtbare Welt. Er wirft viele Fragen auf, gibt aber auch viel Grund zur Zuversicht; der wichtigste davon ist die Befehlskette. Gott ist ganz deutlich Herr der Lage, und der Teufel liegt an einer kurzen Leine. Welches Verb folgt auf Satans Namen? *Begehren.* »Satan begehrt...«

Der Teufel forderte, beschloss oder entschied nichts. Er begehrte. Genau wie er um die Erlaubnis bat, Hiob zu versuchen, bat er um die Erlaubnis, Simon Petrus zu versuchen. Das ändert unser Bild von der alten Schlange, nicht wahr? Anstatt des mächtigen Gewaltherrschers der Finsternis ähnelt er eher einem Flegel, der forsch auftritt, sich aber schnell duckt, wenn Gott seine Muskeln zeigt. »Äh, äh...ich würde...äh, ich möchte mal dem Petrus eins auswischen – das heißt, wenn du nichts dagegen hast.« Die Befehlskette ist eindeutig. Satan tut nichts außerhalb von Gottes Verfügungsgewalt, und Gott gebraucht Satan, um die Sache seines Reiches zu fördern.[1]

Warum fragen wir nicht jemanden, der es weiß?

Julie Lindsey arbeitete in der Spätschicht in einem Hotel südlich von Montgomery, Alabama. Mit dieser Teilzeitbeschäftigung finanzierte sie ihr Studium. Sie war gläubige Christin. Doch ihr Glaube wurde auf eine harte Probe gestellt, als zwei Männer ihr eine Pistole an den Kopf hielten und sie zwangen, in ihren Lastwagen einzusteigen. Sie wurde ausgeraubt, mehrmals vergewaltigt und an einen Baum gefesselt zurückgelassen. Erst um zwei Uhr morgens wurde sie gerettet.

Dieser Albtraum hat sie fast zerstört. Sie konnte nichts mehr leisten, sie wurde vom Hotel entlassen und brach ihr Studium ab. Mit anderen Worten, sie war »zerbrochen, verloren und verstört«.

Dies ist eines der Teile, die nicht ins Puzzle passen. Wie hat eine solche Tragödie Platz in Gottes Plan? Mit der Zeit lernte Julie die Antwort auf diese Frage. Hören Sie, was sie erzählt:

Nach diesem Erlebnis dachte ich lange über Gott nach.... Ich suchte und betete um Verstehen. Ich sehnte mich nach Heilung... Mein Geist und mein Glaube wurden hart auf die Probe gestellt; meine geistlichen Erfahrungen in den Monaten darauf waren schmerzlich, aber auch wunderbar.

Gott ließ mich aus einem schrecklichen und verheerenden Ereignis Nutzen ziehen. Jetzt gibt es so viele gute Dinge in meinem Leben. Ich habe wunderbare Freunde – die meisten von ihnen hätte ich ohne dieses Erlebnis nie kennengelernt. Ich habe eine Arbeitsstelle, bei der ich mit Verbrechensopfern zusammenarbeiten und ihnen helfen kann. Meine Beziehung zu Gott ist tiefer geworden. Geistlich bin ich weiser und reifer geworden. Ich wurde so sehr gesegnet, dass ich das auf diesen Seiten gar nicht beschreiben kann, und ich bin sehr dankbar. In meinem Leben ist Römer 8,28 ganz konkret geworden: »Und wir wissen, dass für die, die Gott lieben und nach seinem Willen zu ihm gehören, alles zum Guten führt.« Nun frage ich Sie: Wer hat gewonnen?[2]

Julies Aufgabe besteht jetzt unter anderem darin, vor Gruppen über Gottes Barmherzigkeit und Heilung zu sprechen. Können Sie sich vorstellen, wie der Teufel bei jeder Verkündigung stöhnt? Das Böse, das er beabsichtigte, hat Gott zum Guten gewandt. Nichts ahnend hat Satan die Sache des Reiches Gottes gefördert. Anstatt einen Jünger zu zerstören, hat er einen Jünger gestärkt.

Denken Sie das nächste Mal daran, wenn das Böse über Ihr Leben hinwegfegt. Vergessen Sie nicht, dass das Drehbuch für den letzten Akt bereits geschrieben wurde. Und der Tag, an dem Christus kommt, wird das Ende des Bösen sein.

In der Zwischenzeit – während wir auf die Wiederkunft Christi warten – dürfen wir guten Mutes sein, denn:

Jesus betet für uns. Petrus erhält von Jesus keine leere Warnung. »Simon, Simon, siehe, der Satan hat begehrt, euch zu sieben wie den Weizen« (Lukas 22,31; Luther). Möchten Sie eine freie Übersetzung? »Der Satan wird auf deinen Glauben einschlagen wie ein Bauer auf dem Dreschboden auf den Weizen einschlägt.« Man würde erwarten, dass die nächsten Worte Jesu lauten: »Deshalb verschwinde aus der Stadt!« Oder: »Du musst untertauchen!« Oder: »Leg den nächsten Gang rein, sonst ist es zu spät!«

Doch Jesus zeigt keine Panik. Er ist erstaunlich gelassen. »Ich aber habe für dich gebeten, dass dein Glaube nicht aufhöre. Und wenn du dereinst dich bekehrst, so stärke deine Brüder« (V. 32; Luther).

Können Sie die Ruhe in seiner Stimme hören? Entschuldigen Sie, aber ich höre fast die Stimme eines tätowierten, mit einer Lederjacke bekleideten Kerls, der auf den Straßen einer Großstadt herumlungert. »He, Petrus, Satan wollte dich umlegen, aber bleib cool. Ich habe ihm gesagt: Mach mal sachte.«

Der Sachverhalt ist einfach. Jesus hat gesprochen und Satan hat zugehört. Der Teufel landet vielleicht einen Schlag oder zwei. Vielleicht gewinnt er auch ein paar Runden, aber er gewinnt nie den Kampf. Warum nicht? Weil Jesus für Sie eingreift. Bestimmt gefällt Ihnen, wie diese Wahrheit im Hebräerbrief beschrieben ist: »Jesus dagegen bleibt für immer Priester; sein Priestertum wird nie enden. Deshalb kann er auch für immer alle retten, die durch ihn zu Gott kommen. Er lebt ewig und wird vor Gott für sie eintreten« (Hebräer 7,24-25).

Schauen wir uns einige andere Übersetzungen an:

»... denn er lebt für immer und bittet für sie« (Luther).

»Er lebt ja immer, um allezeit fürbittend für sie einzutreten« (Bruns).

Das Gleiche sagt Paulus auch im Römerbrief: »Doch der Heilige Geist betet für uns mit einem Seufzen, das sich nicht in Worte fassen lässt ...« (Römer 8,26). Und weiter in Vers 34: »Christus Jesus selbst ist ja für uns gestorben. Mehr noch, er ist der Auferstandene. Er sitzt auf dem Ehrenplatz zur rechten Seite Gottes und tritt für uns ein.«

Jesus beschützt Sie in diesem Augenblick. Vielleicht fühlen Sie sich wie ein Mümmler auf der Bühne mit einer bösen Hexe, doch haben Sie keine Angst. Das Böse muss erst an Christus vorbei, bevor es Sie antasten darf. Und Gott »wird die Prüfung nicht so stark werden lassen, dass ihr nicht mehr widerstehen könnt. Wenn ihr auf die Probe gestellt werdet, wird er euch eine Möglichkeit zeigen, trotzdem standzuhalten« (1. Korinther 10,13).

»Der Herr weiß, wie er die gottesfürchtigen Menschen aus der Versuchung rettet« (2. Petrus 2,9), und er wird Sie retten. An dem Tag, an dem er wiederkommt, wird er uns alle retten.

Wir können guten Mutes sein, denn:

Wir werden siegen. Jesus sagt zu Petrus: »Wenn du dich bekehrst...« Er sagt nicht: »*Falls* du dich bekehrst« oder: »*Angenommen,* du bekehrst dich.« Er sagt: »*Wenn* du dich bekehrst...« Jesus lässt hier überhaupt keine Unsicherheit aufkommen, und wir sollten es auch nicht. Ich wünschte mir, jemand wäre mit mir, dem kleinen Mümmler, so umgegangen wie Jesus mit Petrus. Er las ihm den Rest des Drehbuchs vor.

Angenommen, Sie wären bei der Hauptprobe von *Der Zauberer von Oos* dabei gewesen. Angenommen, Sie hätten gesehen, wie ein kleiner rothaariger Junge verdattert versucht, sich vor der Hexe zu verstecken. Angenommen, er hätte Ihnen leid getan. Was hätten Sie gemacht? Wie hätten Sie gehandelt, um ihm seine Angst zu nehmen?

Sie hätten ihm ganz einfach den Rest der Geschichte erzählt. »Sicher, Max, die Hexe beschwört einige Probleme herauf. Ja, Dorothee und die anderen haben ein paar Schwierigkeiten.

Aber zum Schluss wird die Hexe wie Wachs dahinschmelzen und alle kommen sicher nach Hause.«

Hat Gott uns nicht das über Satan gesagt? Lesen Sie noch einmal die Worte von Johannes: »Dann wurde der Teufel, der sie betrogen hatte, zu dem Tier und dem falschen Propheten in den Feuersee geworfen, der mit Schwefel brennt. Und sie werden in alle Ewigkeit gequält werden Tag und Nacht« (Offenbarung 20,10).

Gott hat nichts geheim gehalten. Er hat uns gesagt, dass wir auf unserem Lebensweg Schwierigkeiten erleben werden. Krankheiten werden den Körper peinigen, Herzen werden durch Ehescheidungen gebrochen. Der Tod wird Frauen zu Witwen machen und ganze Länder werden durch Verwüstung zerstört. Wir sollten nichts anderes erwarten. Wir brauchen nicht in Panik zu geraten, nur weil der Teufel auftaucht und feixt. Jesus verspricht: »Hier auf der Erde werdet ihr viel Schweres erleben. Aber habt Mut, denn ich habe die Welt überwunden!« (Johannes 16,33).

Unser Herr spricht hier von einer vollendeten Tat: »Ich *habe* die Welt überwunden.« Es ist vorüber. Die Schlacht ist zu Ende. Seid wachsam, aber erschreckt nicht. Die Hexe hat keine Macht. Das Drehbuch ist veröffentlicht. Das Buch ist gebunden. Satan ist nur für eine Zeit lang freigelassen, und diese Zeit ist kurz. Der Teufel weiß das. »Denn der Teufel ist voller Zorn zu euch hinabgekommen, und er weiß, dass ihm nur wenig Zeit bleibt!« (Offenbarung 12,12). Nur noch ein paar Szenen, nur noch ein paar Kurven auf dem Weg, dann kommt sein Ende.

Und wir Mümmler werden dabei sein und es sehen.

*In den Tagen vor der Sintflut feierten die Menschen
rauschende Feste, Orgien und Hochzeiten,
bis Noah in seine Arche stieg. Sie merkten nicht,
was geschah, bis die Flut kam und sie alle
hinwegschwemmte. Genauso wird es sein,
wenn der Menschensohn kommt.*

Matthäus 24,38-39

10. Kapitel
Konkrete Gnade
Ein Tag ständigen Vergebens

Neulich verbrachten Denalyn und ich einen halben Samstag damit, unsere Tochter Andrea bei einem Volleyballturnier der Schule zu bewundern. Das erste Spiel fand um acht Uhr statt, das zweite um elf Uhr. Zwischen beiden Wettkämpfen lud eine Mutter den Rest der Eltern zum Frühstück in ihrem Restaurant ein. Nicht in »einem« Restaurant, sondern in »ihrem« Restaurant. Eine kostenlose Mahlzeit wollten sich nur wenige entgehen lassen, deshalb stiegen etwa ein Dutzend Eltern in ihre Autos und fuhren los.

Das Restaurant war eine Cafeteria, also stellten wir uns alle an. Alle, außer unsere Gastgeberin. Sie stand neben der Kasse. Als Eigentümerin wollte sie sicher sein, dass wir nichts bezahlten. Die Kassiererin tippte alles ein und druckte den Kassenzettel aus, aber wir bezahlten keinen Pfennig. Wenn einer von uns an die Kasse kam, sagte unsere großzügige Freundin zur Kassiererin: »Ich kenne ihn, er gehört zu mir. Seine Rechnung ist beglichen.« Es ist angenehm, die richtige Person zu kennen.

Überlegen Sie, was an diesem Vormittag geschah. Die Freundlichkeit unserer Gastgeberin wurde vervielfältigt. Jedes Mal, wenn eine Schuld erlassen wurde, zeigte sich ihre Großzügigkeit. Diejenigen, die die Gastgeberin kannten, wurden belohnt. Unsere Tabletts waren voll und bald auch unser Magen. Warum? Wir haben einfach ihre Einladung angenommen. Und diejenigen, die sie nicht kannten, mussten den Preis bezahlen. Obwohl ihre Großzügigkeit beträchtlich war, war sie nicht allumfassend.

Vielleicht erscheint es Ihnen seltsam, dass jemand sich so ausführlich über eine Einladung zum Frühstück auslässt. Entweder hoffe ich auf ein weiteres Frühstück oder ich möchte auf etwas hinaus. Tatsächlich möchte ich auf etwas hinaus (obwohl Frühstück auch nicht schlecht ist). Was wir an jenem Samstagvormittag erlebten, ist ein Beispiel für das, was wir alle erleben werden, wenn Jesus wiederkommt.

Der Tag, an dem Jesus wiederkommt, wird ein Tag des Gerichts sein. Dieses Gericht wird von drei Handlungen geprägt sein.

Erstens wird Gottes Gnade offenbar werden. Unserem Gastgeber wird alle Aufmerksamkeit und alle Ehre zuteil werden.

Zweitens werden die Belohnungen für die Diener enthüllt. Diejenigen, die seine Einladung annahmen, werden einzigartig geehrt werden.

Und drittens, diejenigen, die ihn nicht kennen, werden einen Preis bezahlen. Einen harten, schrecklichen Preis. Jesus spricht in Matthäus 24,38-39 von diesem Preis: »In den Tagen vor der Sintflut feierten die Menschen rauschende Feste, Orgien und Hochzeiten, bis Noah in seine Arche stieg. Sie merkten nicht, was geschah, bis die Flut kam und sie alle hinwegschwemmte. Genauso wird es sein, wenn der Menschensohn kommt.«

Als Jesus nach einer Möglichkeit suchte, seine Wiederkunft zu erklären, ging er zurück bis zur Sintflut. Die Parallelen liegen auf der Hand. Damals wurde eine Gerichtsbotschaft verkündet. Sie wird immer noch verkündet. Damals haben die Leute nicht darauf gehört. Sie weigern sich heute, darauf zu hören. Dann kam eine große Flut. Was als Nächstes kommen wird, ist eine Feuerflut. Noah baute einen sicheren Ort aus Holz. Jesus bereitete einen sicheren Ort am Kreuz vor. Diejenigen, die glaubten, bargen sich in der Arche. Diejenigen, die glauben, sind in Christus geborgen.

Noch wichtiger: Was Gott zu Noahs Zeiten tat, wird er bei Christi Wiederkunft tun. Er wird ein allumfassendes, unwiderrufliches Urteil sprechen. Ein Urteil, in dem Gnade offenbar wird, in dem Belohnungen enthüllt und die Unbußfertigen bestraft werden. Wenn Sie die Geschichte von Noah lesen, finden Sie das Wort *Urteil* oder *Gericht* nicht. Aber Sie finden viele Hinweise darauf.

Traurig war die Zeit, in der Noah lebte. »Aber die Erde war verderbt vor Gottes Augen und voller Frevel« (1. Mose 6,11; Luther). Eine solche Auflehnung brach Gott das Herz: »Da reute es ihn, dass er den Menschen gemacht hatte auf Erden…« (1. Mose 6,6; Luther). Er schickte eine Flut, eine mächtige, reinigende Flut, auf die Erde. Es regnete vierzig Tage lang. »Und die Wasser nahmen überhand und wuchsen so sehr auf Erden, dass alle hohen Berge unter dem ganzen Himmel bedeckt wurden. Fünfzehn Ellen hoch gingen die Wasser über die Berge, sodass sie ganz bedeckt wurden« (1. Mose 7,19-20; Luther). Nur Noah und seine Familie und die Tiere in der Arche überlebten. Alle anderen kamen um. Gott hat nicht mit dem Hammer auf die Richterbank geschlagen, aber er hat die Türe der Arche verschlossen. Jesus sagte: »Genauso wird es sein, wenn der Menschensohn kommt« (Matthäus 24,39). Und so wurde ein Urteil gesprochen.

Es ist schon ein beängstigender Gedanke. Der Gedanke an das Gericht beschwört Bilder herauf von winzigen Menschen, die vor einer riesigen Richterbank stehen. Oben auf dem Tisch liegt ein Buch, und dahinter sitzt Gott, und von Gott kommt eine Stimme des Gerichts: »Schuldig!« Sollen wir einander mit diesen Worten ermutigen? Wie kann das Gericht etwas anderes als Panik hervorrufen? Bei denjenigen, die nicht vorbereitet sind, ruft es Panik hervor. Aber für den Nachfolger Jesu, der das Gericht versteht, muss diese Stunde nicht furchterregend sein. Wenn wir sie verstanden haben, können wir uns darauf einstellen.

Befassen wir uns mit einigen grundlegenden Fragen, dann zeige ich, was ich damit meine.

Wer wird gerichtet werden? Alle Menschen, die jemals lebten. Matthäus 25,32: »Alle Völker werden vor ihm [dem Menschensohn] zusammengerufen.« Paulus schreibt in 2. Korinther 5,10: »Denn wir alle müssen einmal vor dem Richterstuhl Christi erscheinen.« Wie in den Tagen Noahs die ganze Welt gerichtet wurde, wird an dem Tag, an dem Christus kommt, die ganze Menschheit gerichtet werden.

Dies ist ein Stich in ein Hornissennest von Fragen. Nicht die geringste davon lautet: Was geschieht mit denen, die nie von Christus gehört haben? Was geschieht mit den Menschen, die vor der Zeit Christi lebten oder die nie sein Evangelium hörten? Werden auch sie gerichtet werden? Ja, aber nach einem anderen Maßstab.

Die Menschen werden auf der Grundlage der Erkenntnisse gerichtet, die sie hatten, nicht auf der Grundlage der Erkenntnisse, die sie nie besaßen. Der Mensch aus dem entlegenen Urwald, der nie von Jesus gehört hat, wird anders gerichtet als derjenige, der jederzeit christliche Radiosendungen oder die Bibel zur Verfügung hatte.

Jesus erklärt dies in seiner harten Kritik an den Städten Chorazin und Betsaida:

»Danach begann Jesus die Städte anzuklagen, in denen er die meisten seiner Wunder vollbracht hatte. Ihre Einwohner hatten sich nicht von ihren Sünden abbringen lassen und lebten weiterhin ohne Gott. ›Welche Schrecken erwarten euch, Chorazin und Betsaida! Denn wenn ich die Wunder, die ich bei euch getan habe, in den gottlosen Städten Tyrus und Sidon getan hätte, hätten ihre Einwohner schon längst ihre Schuld bekannt und sich zum Zeichen ihrer Reue in Säcke gehüllt und Asche auf ihre Häupter gestreut. Ich versichere euch: Am Tag des Gerichts werden Tyrus und Sidon besser dastehen als ihr!‹« (Matthäus 11,20-22).

Der Ausdruck »besser dastehen« ist aufschlussreich. Nicht jeder wird mit demselben Maßstab gerichtet. Je größer unsere Begünstigungen sind, umso größer ist unsere Verantwortung. Chorazin und Betsaida sahen viel, also wurde viel von ihnen erwartet. Das Evangelium wurde ihnen klar und deutlich verkündigt, doch sie lehnten es klar und deutlich ab. »Der traurigste Weg zur Hölle ist der, der unter der Kanzel, an der Bibel vorbei und durch Warnungen und Einladungen hindurch verläuft.«[1]

Andererseits sahen Tyrus und Sidon weniger, also wurde von ihnen weniger erwartet. Um mit den Worten Jesu zu sprechen, sie werden »besser dastehen« als andere. Der Grundsatz? Gottes Urteil gründet sich darauf, wie die Menschen auf die Botschaft reagierten, die sie erhielten. Er wird uns nie für Dinge zur Rechenschaft ziehen, die er uns nicht gesagt hat.

Gleichzeitig wird er uns nie sterben lassen, ohne uns etwas zu sagen. Auch die Menschen, die nie von Jesus gehört haben, erhalten eine Botschaft über Gottes Wesen. »Der Himmel verkündet die Herrlichkeit Gottes und das Firmament bezeugt seine wunderbaren Werke. Ein Tag erzählt es dem anderen, und eine Nacht teilt es der anderen mit. Ohne Sprache und ohne Worte, lautlos ist ihre Stimme, doch ihre Botschaft breitet sich aus über die ganze Erde und ihre Worte über die ganze Welt« (Psalm 19,2-5).

Die Natur ist Gottes erster Missionar. Da, wo es keine Bibel gibt, leuchten die Sterne. Wo es keine Prediger gibt, wird immer wieder Frühling. Da, wo kein Zeugnis der Heiligen Schrift vorliegt, gibt es das Zeugnis der wechselnden Jahreszeiten und der atemberaubenden Sonnenuntergänge. Wenn ein Mensch nichts außer der Natur hat, dann genügt die Natur, um etwas über Gott zu offenbaren. Paulus sagte: »Seit Erschaffung der Welt haben die Menschen die Erde und den Himmel und alles gesehen, was Gott erschaffen hat, und können daran ihn, den unsichtbaren Gott, in seiner ewigen Macht und seinem göttlichen Wesen klar erkennen. Deshalb haben sie keine Entschuldigung dafür, von Gott nichts gewusst zu haben« (Römer 1,20).

Paulus fährt fort: »Wenn sogar Menschen, die Gottes geschriebenes Gesetz nicht haben, unbewusst so handeln, wie es das Gesetz vorschreibt, so beweist das, dass sie in ihren Herzen Recht von Unrecht unterscheiden können. Durch ihr Verhalten zeigen sie, dass Gottes Gesetz in ihr Herz geschrieben ist, denn ihr eigenes Gewissen und ihre Gedanken klagen sie entweder an oder bestätigen, dass sie das Richtige tun. Und dies alles wird sichtbar an dem Tag, an dem Gott durch Jesus

Christus alles richten wird, auch das, was bei den Menschen verborgen ist. Das ist meine Botschaft, die mir Gott gegeben hat« (Römer 2,14-16).

Wir wissen nicht, wie Gott die Unterschiede zwischen denen, die das Evangelium hatten, und denen, die es nicht hatten, berücksichtigen wird, aber wir wissen, dass er es tut. Wenn wir, Sie und ich, uns Sorgen über unseren sündigen Zustand machen, können wir sicher sein, dass Gott in seiner Heiligkeit dies schon geregelt hat. Wir können den Zeugen glauben, die vom Himmel rufen: »Ja, Herr, Gott, Allmächtiger, deine Gerichte sind wahr und gerecht« (Offenbarung 16,7).

Nachdem wir festgestellt haben, wer gerichtet wird, können wir uns einer anderen Frage zuwenden:

Was wird gerichtet? Einfach gesagt: alles, was wir in diesem Leben getan haben. 2. Korinther 5,10 macht hier eine eindeutige Aussage: »Denn wir alle müssen einmal vor dem Richterstuhl Christi erscheinen, wo alles ans Licht kommen wird. Dann wird jeder von uns das bekommen, was er für das Gute oder das Schlechte, das er in seinem Leben getan hat, verdient.« Dies schließt Taten, Worte und Gedanken ein. Ist das nicht die Bedeutung von Offenbarung 20,12? »Ich sah die Toten, die großen und die kleinen, vor Gottes Thron stehen. Und es wurden Bücher aufgeschlagen, darunter auch das Buch des Lebens.« Ähnliche Aussagen finden sich auch an anderen Stellen.

»Am Tag des Gerichts müsst ihr euch für jedes böse Wort, das ihr sagt, verantworten« (Matthäus 12,36).

In Lukas 12,2 fasst Jesus diesen Sachverhalt wie folgt zusammen: »Es kommt die Zeit, da wird alles offenbar werden; alles, was jetzt noch geheim ist, wird dann öffentlich bekannt gemacht werden.«

Gilt das auch für den Gläubigen? Werden auch wir gerichtet werden? In Hebräer 10,30 steht: »Der Herr wird sein Volk richten.« Der Apostel Paulus stimmt ein: »Wir alle werden einmal vor dem Richterstuhl Gottes stehen ... Ja, jeder von uns wird sich persönlich vor Gott verantworten müssen« (Römer 14,10.12).

Hebt hier jemand fragend die Augenbrauen? Warum sollte ein Christ gerichtet werden? Keine schlechte Frage. Machen wir sie doch einfach zu unserer dritten Frage.

Warum werden Christen gerichtet? Haben wir nicht ein neues Gewand? Sind wir nicht in der Gerechtigkeit Christi gekleidet? Wurden unsere Sünden nicht weggeräumt, so weit wie der Osten vom Westen entfernt ist? Ja, so ist es. Und wir können uns fest auf diese verbürgte Wahrheit berufen: »Also gibt es jetzt für die, die zu Christus Jesus gehören, keine Verurteilung mehr« (Römer 8,1). Da wir in Christus gekleidet sind, brauchen wir vor dem Tag, an dem Gott uns richtet, keine Angst zu haben.

Aber wenn wir in Christus gekleidet sind, warum brauchen wir dann überhaupt ein Gericht?

Auf diese Frage finde ich zumindest zwei Antworten. Erstens, damit unsere Belohnungen enthüllt werden können, und zweitens, damit Gottes Gnade offenbar werden kann.

Sprechen wir einen Augenblick lang über Belohnungen. Unsere Erlösung ist das Ergebnis der Gnade. Kein Mann und keine Frau, ohne Ausnahme, hat je ein Werk getan, das das am Kreuz vollendete Werk aufwerten konnte. Durch unseren Dienst haben wir unsere Erlösung nicht verdient. Unser Dienst hat jedoch Auswirkungen auf unsere Belohnungen. Ein Autor schrieb: »Allein aufgrund des Glaubens werden wir in den Himmel eingelassen, aber aufgrund der Früchte unseres Glaubens werden wir im Himmel ausgezeichnet.«[2]

Das kommt nicht nur Ihnen seltsam vor. Die Bibel gibt genügend Hinweise, um uns davon zu überzeugen, dass es Belohnungen geben wird, sie sagt uns jedoch nicht genug zu diesem Thema, um alle unsere Fragen zu beantworten. In welcher Form werden die Belohnungen gegeben? Wie werden sie verteilt? Wir wissen es nicht. Uns wird einfach versichert, dass es Belohnungen geben wird. Außer der Krone des Lebens, der Krone der Gerechtigkeit und der Krone der Herrlichkeit gibt es laut Bibel noch andere Belohnungen.

Eine der deutlichsten Stellen zu diesem Thema finden wir in 1. Korinther 3,10-15. In diesen Versen stellt sich Paulus zwei

Menschen vor. Beide haben ihr Leben auf Christus als Fundament aufgebaut; das heißt, beide sind gerettet. Einer jedoch fügt diesem Fundament wertvolle Werke aus Gold, Silber und Edelsteinen hinzu. Der andere gibt sich mit einem mühelosen Weg zufrieden und leistet keinen wesentlichen Beitrag zum Reich Gottes. Sein Werk besteht aus brennbarem Holz, Gras und Stroh.

Am Tag des Gerichts wird die Art eines jeden Werks offenbar. Paulus schreibt: »Am Tag des Gerichts wird sich die Arbeit jedes Einzelnen im Feuer bewähren müssen. Das Feuer wird zeigen, von welcher Qualität das Bauwerk ist. Wenn es dem Feuer standhält, wird der, der es gebaut hat, Lohn empfangen. Doch wenn sein Werk verbrennt, wird er einen schmerzlichen Verlust erleiden. Er selbst wird zwar gerettet werden, aber nur wie einer, der mit Mühe und Not einem Feuer entkommt« (1. Korinther 3,13-15).

Bitte beachten Sie: Beide Bauleute werden gerettet, aber nur einer wird belohnt. Und diese Belohnung geschieht auf der Grundlage der Werke. Wir wissen nicht, welche Formen diese Belohnungen haben werden. Mir wurde einmal geraten, hinsichtlich dieser Frage einen »ehrfürchtigen Agnostizismus« beizubehalten. In einfacheren Worten ausgedrückt: in Ruhe unwissend sein.

Ich denke, dass die Belohnungen die Form zusätzlicher Verantwortung und nicht zusätzlicher Rechte haben werden. Darauf weist jedenfalls Matthäus 25,21 hin: »Gut gemacht, mein guter und treuer Diener. Du bist mit diesem kleinen Betrag zuverlässig umgegangen, deshalb will ich dir größere Verantwortung übertragen.« Offensichtlich wurden dem Arbeiter mehr Pflichten und nicht mehr Freizeit gegeben. Doch ich wiederhole: Wir wissen es nicht sicher.

Wir wissen jedoch Folgendes: Wir sind durch Gnade gerettet und wir werden nach unseren Taten belohnt. Alles, was darüber hinausgeht, ist Spekulation. In der Tat, jede darüber hinausgehende Spekulation bringt die Gefahr mit sich, dass wir in einen Konkurrenzkampf eintreten.

Aber wird es im Himmel keinen Konkurrenzkampf zwischen uns geben? Wird die Verteilung der Belohnungen nicht einige eifersüchtig und andere arrogant machen? Nein. In unserem sündlosen Zustand werden wir endlich von uns selbst los und nur auf Jesus Christus ausgerichtet sein. Wir werden glücklich die Haltung einnehmen, die Jesus in Lukas 17,10 gebietet: »Wenn ihr mir gehorcht, sollt auch ihr sagen: ›Wir haben keine besondere Anerkennung verdient. Wir sind Diener und haben nur unsere Pflicht getan!‹«

Dann bleibt immer noch die Frage offen, warum unsere Taten aufgedeckt werden müssen. Jesus sagte: »Es kommt die Zeit, da wird alles offenbar werden; alles, was jetzt noch geheim ist, wird dann öffentlich bekannt gemacht werden« (Lukas 12,2). Sagt Jesus damit, dass alle Geheimnisse offengelegt werden? Die Geheimnisse der Sünder und der Heiligen gleichermaßen? Er sagt es, aber – und das ist wesentlich – die Sünden der Geretteten werden als *verziehene* Sünden aufgedeckt. Unsere Übertretungen werden als *vergebene* Übertretungen angekündigt. Das ist der zweite Grund, weshalb die Gläubigen gerichtet werden. Der erste Grund liegt darin, dass unsere Taten belohnt werden können, der zweite, dass Gottes Gnade offenbar werden kann.

Wahrscheinlich haben Sie schon die Geschichte von dem Ehepaar gehört, das seine Eheberatung selbst in die Hand nehmen wollte. Sie beschlossen, dass jeder eine Liste der Fehler des anderen erstellt und dass sie sich dann gegenseitig diese Liste vorlesen. Klingt nach einem aufbauenden Abend, finden Sie nicht auch? Also machte sie ihre Liste und er machte seine. Die Frau gab ihre Liste mit Klagen ihrem Mann, und er las laut: »Du schnarchst, du isst im Bett, du kommst spät nach Hause, du stehst zu früh auf…« Als er fertig war, tat der Mann das Gleiche. Er gab ihr seine Liste. Aber als sie auf das Papier schaute, begann sie zu lächeln. Auch er hatte seine Beschwerden aufgeschrieben, aber neben jeden Punkt hatte er geschrieben: »Das vergebe ich.« Das Ergebnis war eine tabellarische Liste der Gnade.

Am Tag des Gerichts werden Sie eine solche Liste erhalten. Erinnern Sie sich an den Hauptzweck des Gerichts: Die Gnade des Vaters soll offenbar werden. Wenn Ihre Sünden verkündet werden, wird Gottes Gnade verherrlicht.

Stellen Sie sich das Ereignis vor. Sie stehen vor dem Richterstuhl Christi. Das Buch ist geöffnet und das Lesen beginnt – jede Sünde, jeder Betrug, jeder Augenblick der Zerstörung und Habgier. Aber sobald die Straftat vorgelesen ist, wird Gnade verkündet.

Mit dreizehn Jahren die Eltern nicht geachtet.
Mit fünfzehn Jahren die Wahrheit beschönigt.
Mit sechsundzwanzig Jahren geklatscht.
Mit dreißig Jahren sinnliche Begierden gehabt.
Mit vierzig Jahren nicht auf die Leitung des Heiligen Geistes geachtet.
Mit zweiundfünfzig Jahren Gott nicht gehorcht.
VERGEBEN!
Das Ergebnis? Gottes barmherziger Urteilsspruch wird durch das Universum hallen. Zum ersten Mal in der Geschichte werden wir die Tiefe seiner Güte verstehen. Konkrete Gnade. Aufgelistete Güte. Eingetragene Vergebung. Wir werden ehrfürchtig dastehen, wenn eine Sünde nach der anderen verkündet und dann vergeben wird. Eifersucht kommt ans Licht und wird dann weggeräumt. Untreue wird verkündet, dann weggewaschen. Lügen werden aufgedeckt, dann ausradiert.

Der Teufel wird besiegt zurückweichen. Die Engel werden voll Ehrfurcht nach vorne treten. Und wir Heiligen werden in Gottes Gnade groß dastehen. Wenn wir sehen, wie viel er uns vergeben hat, sehen wir, wie sehr er uns liebt. Und wir werden ihn anbeten. Wir werden in den Gesang der Heiligen einstimmen: »Du bist würdig, die Schriftrolle zu nehmen und ihre Siegel zu öffnen. Denn du wurdest als Opfer geschlachtet, und dein Blut hat Menschen für Gott freigekauft, Menschen aus jedem Stamm und jeder Sprache und jedem Volk und jeder Nation« (Offenbarung 5,9).

Welch ein Triumph wird das für unseren Herrn sein!

Vielleicht denken Sie: *Für ihn wird es Triumph sein, aber für mich Demütigung.* Nein, das wird es nicht sein. Die Bibel verspricht: »Wer an ihn glaubt, wird nicht umkommen« (1. Petrus 2,6). Doch wie ist das möglich? Wenn das Verborgene bekannt wird und das Geheime ans Licht kommt, wird das nicht unermesslich peinlich für mich sein? Nein, und ich sage warum.

Scham ist ein Kind der Ichbezogenheit. Die Bewohner des Himmels sind nicht ichbezogen, sie sind auf Christus ausgerichtet. Sie werden in einem sündlosen Zustand sein. Die Sündlosen schützen keinen guten Ruf und spiegeln kein Bild vor. Sie werden sich nicht schämen. Sie werden glücklich darüber sein, dass Gott im Himmel tut, was er auf Erden tat – Ihre Schwachheit zu seiner Ehre beitragen lassen.

Werden sich Menschen vor Scham beugen? Nein. Werden sich Menschen in Anbetung beugen? Zweifellos.

Übrigens, finden Sie es nicht gut, dass alles offengelegt wird? Es gibt keine Spiele, keine Heucheleien, keine Vertuschungen mehr, keine Statusjäger und keine Karrieremacher mehr. Das Ergebnis wird die erste wirkliche Gemeinschaft von Menschen sein, denen vergeben wurde. Nur einer ist es wert, im Himmel Beifall zu erhalten, und das ist der mit den durchbohrten Händen und Füßen.

Also machen Sie sich keine Sorgen darüber, dass Sie sich schämen müssen. Der Gläubige hat vom Gericht nichts zu befürchten. Der Ungläubige jedoch hat viel zu befürchten. Das bringt uns zu unserer letzten Frage.

Was ist das Schicksal derer, die Christus nicht kennen? Denken Sie an die drei Zielsetzungen des Gerichts. Gottes Gnade wird offenbar werden. Seine Belohnungen werden enthüllt. Und diejenigen, die ihn nicht kennen, werden einen Preis bezahlen. Einen harten, schrecklichen Preis.

Kehren wir zu der Geschichte des kostenlosen Essens in dem Restaurant zurück. Was wäre geschehen, wenn ein Fremder versucht hätte, sich in die Reihe einzudrängen, um auch ein Frühstück zu bekommen? Niemand tat es, aber jemand hätte es versuchen können. Er wäre zwischen die eingeladenen Gäste geschlüpft und hätte so getan, als sei er Teil der Gruppe. Wäre ihm das gelungen? Hätte er unsere Gastgeberin getäuscht? Nein. Sie kannte alle ihre Gäste mit Namen.

Christus kennt all die Seinen mit Namen. »Der Herr kennt die Seinen« (2. Timotheus 2,19). Wie unsere Gastgeberin neben der Kasse stand, so wird unser Erlöser neben dem Richterstuhl stehen. Wie sie unsere Schulden deckte, wird Christus unsere Sünden vergeben. Und wie sie diejenigen, die sie nicht kannte, abgewiesen hätte, wird Jesus das auch tun. »Ich kenne diese Person nicht«, hätte sie gesagt. »Ich habe euch nie gekannt. Fort mit euch. Was ihr getan habt, habt ihr gegen das Gesetz getan«, wird Jesus sagen (Matthäus 7,23).

Für diese Person wird der Tag des Gerichts ein Tag der Schande werden. Alle Sünden werden aufgedeckt werden, aber nicht als vergebene Sünden. Können Sie sich dieselbe Liste, aber ohne die Verkündung der Vergebung vorstellen? Eine Tat nach der anderen, bis nicht einmal mehr der Sünder das Recht Gottes, eine Strafe zu verhängen, infrage stellt.

Für diejenigen, die Gottes Barmherzigkeit nie angenommen haben, wird der Tag des Gerichts ein Tag des Zorns sein. Es wird sein wie zu den Tagen Noahs. Doch das ist ein Thema für das nächste Kapitel.

*… bis die Flut kam und sie alle hinwegschwemmte.
Genauso wird es sein,
wenn der Menschensohn kommt.*

Matthäus 24,39

11. Kapitel

Die Vorwarnung der Liebe

Ein Tag endgültiger Gerechtigkeit

Vor Kurzem tat ich etwas, was ich sonst nie tue: Ich hörte der Stewardess zu, als sie ihre Hinweise auf Gefahren erläuterte. Normalerweise bin ich dabei in ein Buch oder Manuskript vertieft, aber am Vortag war ein Verkehrsflugzeug abgestürzt. Im Fernsehen hatte ich den Bericht über den Absturz gesehen, und deshalb passte ich dieses Mal auf. Ich erkannte, dass ich nicht wusste, was ich zu tun hätte, wenn es mit diesem Flugzeug Probleme gäbe.

Also hörte ich zu. Als sie den Sicherheitsgurt hochhob, zurrte ich meinen fest. Als sie die Sauerstoffmaske beschrieb, schaute ich, wo sie aufbewahrt ist. Als sie auf die Notausgänge zeigte, drehte ich mich um, um sie im Notfall zu finden. Dabei bemerkte ich, was sie bei jedem Flug bemerkt. Keiner hört zu! Niemand gab acht. Ich war schockiert. Ich dachte ernstlich daran, aufzustehen und zu rufen: »Leute, ihr solltet zuhören. Eine kleine Panne genügt und dieses Flugzeug wird ein loderndes Mausoleum. Was diese Frau euch erzählt, könnte euer Leben retten!«

Ich fragte mich, was geschehen würde, wenn sie drastischere Mittel einsetzte. Was würde sich ereignen, wenn sie eine mit Benzin getränkte Puppe anzünden würde? Wenn auf dem Bildschirm Bilder von Passagieren gezeigt würden, die in einem brennenden Flugzeug zu den Ausgängen eilen? Wenn sie zwischen den Reihen durchginge und den Passagieren Zeitungen und Zeitschriften aus der Hand reißen und sie bitten würde, zuzuhören, wenn sie dieses feurige Inferno überleben wollten?

Sie würde ihre Arbeitsstelle verlieren. Aber sie hätte gesagt, was ihr wichtig ist. Und sie hätte den Passagieren auch einen

Gefallen erwiesen. Unser Retter hat das für uns getan. Doch er handelte nicht nur aus Pflicht. Er handelte aus Liebe. Und Liebe warnt vor.

Die Vorwarnung Jesu ist klar: »In den Tagen vor der Sintflut feierten die Menschen rauschende Feste, Orgien und Hochzeiten, bis Noah in seine Arche stieg. Sie merkten nicht, was geschah, bis die Flut kam und sie alle hinwegschwemmte. Genauso wird es sein, wenn der Menschensohn kommt« (Matthäus 24,38-39).

Wie wir im letzten Kapitel sahen, liegen die Parallelen zwischen der Sintflut und der Wiederkunft Jesu auf der Hand. Damals weigerten sich die Menschen, auf die Botschaft Gottes zu hören. Viele weigern sich auch heute, darauf zu hören. Damals schickte Gott einen sicheren Ort für die Gläubigen: die Arche. Gott schickt einen sicheren Ort für die Gläubigen heute: seinen Sohn. Dann kam die Flut. Es wird wieder eine Flut kommen. Die erste war eine Wasserflut. Die nächste wird eine Flut der Rache sein. Die erste Flut war unwiderruflich, und so wird auch die zweite sein. Wenn die Tür einmal geschlossen ist, ist sie für immer geschlossen. Am Tag der Flut war ein großes Geschrei. Am Tag des Gerichts wird »Weinen und Zähneknirschen« sein (Matthäus 25,30). Die Bibel sagt über die Verlorenen: »Der Rauch ihrer Qualen wird für alle Zeit aufsteigen, und sie werden Tag und Nacht keine Erleichterung finden...« (Offenbarung 14,11).

Dies ist eine ernste Sache. Die Hölle ist ein ernstes Thema. Ein Thema, vor dem wir uns am liebsten drücken würden. Wir sind mit C. S. Lewis einig, wenn er schreibt: »Nichts würde ich lieber aus dem christlichen Glauben entfernen als [die Hölle], wenn es in meiner Macht läge... Ich würde jeden Preis bezahlen, wenn ich wahrheitsgetreu sagen könnte: ›Alle werden gerettet.‹«[1]

Wollen wir das nicht alle? Aber wagen wir es? Steigen wir etwas tiefer in das Thema ein.

Hat die Hölle einen Zweck? Auch wenn uns der Gedanke widerstrebt, wäre das Nichtvorhandensein der Hölle nicht noch schlimmer? Entfernen Sie die Hölle aus der Bibel, dann beseitigen Sie gleichzeitig jede Vorstellung von einem gerechten Gott und einer zuverlässigen Bibel. Lassen Sie mich das erklären.

Wenn es keine Hölle gibt, ist Gott nicht gerecht. Wenn es keine Strafe für Sünde gibt, dann steht der Himmel den Vergewaltigern, Räubern und Massenmördern der Gesellschaft gleichgültig gegenüber. Wenn es keine Hölle gibt, ist Gott den Opfern gegenüber blind und lässt die im Stich, die um Hilfe flehen. Wenn es dem Bösen gegenüber keinen Zorn gibt, dann ist Gott nicht Liebe, denn Liebe hasst das, was böse ist.

Wer sagt, dass es keine Hölle gibt, sagt auch, dass Gott ein Lügner und die Heilige Schrift unwahr ist. Die Bibel bestätigt wiederholt und beharrlich den doppelseitigen Ausgang der Geschichte. Einige werden gerettet werden. Einige werden verloren gehen. »Und viele, die unter der Erde schlafen liegen, werden aufwachen, die einen zum ewigen Leben, die andern zu ewiger Schmach und Schande« (Daniel 12,2; Luther). Paulus stimmt dem zu: »Er wird denen das ewige Leben schenken, die beharrlich das tun, was gut ist, und sich nach der Herrlichkeit, Ehre und Unvergänglichkeit sehnen, die Gott gibt. Diejenigen aber, die nur für sich selbst gelebt haben, die nicht der Wahrheit, sondern der Ungerechtigkeit gehorchten, wird Gottes ganzer Zorn treffen« (Römer 2,7-8).

Manche Menschen erheben dagegen Einspruch, indem sie auf die Lehren Jesu verweisen. Die Hölle, sagen sie, ist ein Gedanke des Alten Testaments. Seltsamerweise spricht das Alte Testament über dieses Thema sehr wenig. Das Neue Testament ist die wichtigste Fundgrube für Gedanken über die Hölle. Und Jesus ist der wichtigste Lehrer dazu. Niemand sprach öfter und klarer über die ewige Strafe als Jesus selbst.

Denken Sie über folgende Tatsachen nach: Dreizehn Prozent der Lehren Jesu handeln vom Gericht und der Hölle. Über die Hälfte seiner Gleichnisse beziehen sich auf Gottes ewiges Gericht über die Sünder. Von den zwölf Malen, in denen das Wort *gehenna* – das stärkste biblische Wort für Hölle – in der

Bibel erscheint, hat nur ein einziges Mal nicht Jesus es ausgesprochen.[2] Niemand sprach mehr von der Hölle als Jesus. »Wer glaubt und getauft wird, wird gerettet werden. Wer aber nicht glaubt, wird verurteilt werden« (Markus 16,16).

Können wir uns über diese Aussagen hinwegsetzen? Können wir sie aus unserer Bibel herausschneiden? Nur auf Kosten eines gerechten Gottes und einer zuverlässigen Bibel. Die Hölle ist ein sehr realer Bestandteil der Organisation des Himmels.

Sogar jetzt, vor der Wiederkunft Christi, dient die Hölle einem großen Ziel. Sie funktioniert ungefähr so wie die Werkstatt meines Vaters. Dort strafte er meinen Bruder und mich. Wenn meine Mutter böse war, bekamen wir Schläge mit der Hand. Wenn mein Vater böse war, bekamen wir Schläge mit der Peitsche. Sie können sich denken, was uns lieber war. Wenn mein Vater nur sagte: »Ab in die Werkstatt«, dann begann mein Hinterteil schon zu kribbeln. Ich weiß nicht, was Sie von körperlicher Züchtigung halten. Ich erwähne sie nicht, um über das Für und Wider zu diskutieren. Ich erwähne sie, um die Wirkung zu erklären, die die Werkstatt auf mein Verhalten ausübte.

Sehen Sie, mein Vater liebte mich. Ich wusste, dass er mich liebte. Und meistens war seine Liebe genug. Viele böse Dinge habe ich nicht getan, weil ich wusste, dass er mich liebte. Aber manches Mal war seine Liebe nicht genug. Die Versuchung war so stark oder die Auflehnung so heftig, dass der Gedanke an seine Liebe mich nicht zurückhielt. Doch der Gedanke an seinen Zorn tat es. Wenn die Liebe mich nicht zwang, dann brachte die Angst mich zurecht. Der Gedanke an die Werkstatt – und das Weinen und Zähneknirschen darin – war genug, um mich auf dem rechten Weg zu halten.

Der Zusammenhang ist vermutlich klar. Wenn nicht, werde ich ihn klarlegen. Unser himmlischer Vater liebt seine Kinder. Wirklich. Die meiste Zeit ist diese Liebe genug, um uns dazu zu bringen, ihm zu gehorchen. Aber es gibt Zeiten, da ist sie nicht genug. Die Verlockung der Begierde ist so mächtig, der Magnet der Habgier so stark, die Verheißung der Macht so verlockend, dass Menschen die Liebe Gottes verschmähen. In solchen Augenblicken erwähnt der Heilige Geist vermutlich »die Werkstatt«. Er erinnert uns an Folgendes: »Denn was ein Mensch sät, wird er auch ernten« (Galater 6,7). Und die Erinnerung daran, dass es einen Ort der Strafe gibt, ist vielleicht genau das, was wir brauchen, um unser Verhalten zu ändern.

In Lukas 16 erinnert uns Jesus daran.

Wie ist die Hölle? Jesus ist der einzige Augenzeuge der Hölle, der auf der Erde gelebt hat. Und seine Beschreibung ist die zuverlässigste und anschaulichste, die je verfasst wurde. Jedes einzelne Wort dieser Geschichte ist bedeutend. Jedes einzelne Wort ist ernüchternd.

»Es war einmal ein reicher Mann, der prachtvoll gekleidet war und jeden Tag im Luxus lebte. Vor seiner Tür lag ein kranker Bettler namens Lazarus, der sich nach den Abfällen vom Tisch des Reichen sehnte. Um ihn herum strichen die Hunde und leckten seine Geschwüre« (Lukas 16,19-21).

Die Geschichte beginnt in einem noblen Haus in einem vornehmen Wohngebiet. Der Mann, dem das Haus gehört, ist genusssüchtig. Er trägt die feinste Kleidung. Das Griechische deutet an, dass er Stoff benutzte, der wortwörtlich sein Gewicht in Gold wert war. Jeden Tag nimmt er üppige Mahlzeiten zu sich. In einer Zeit, in der die meisten Menschen sich nur einmal in der Woche Fleisch leisten konnten, stehen jeden Tag exotische Gerichte auf seinem Speiseplan.

Sein Haus ist von botanischen Gärten umgeben. Gold und Porzellan glänzen auf seinem Tisch. Zu jeder Mahlzeit gehören reife Früchte aus gepflegten Obstgärten. Jesus sagt, dass er Tag für Tag im Luxus lebte.

Doch draußen vor seinem Haustor sitzt ein Bettler namens Lazarus. Sein Körper ist mit Geschwüren bedeckt. Die Haut hängt ihm von den Knochen. Er ist vor das Tor gelegt worden. Jemand, der zu freundlich war, um über ihn hinwegzusehen, aber zu machtlos, um ihm zu helfen, lud den Mann in einen Wagen und setzte ihn vor dem Haus des reichen Mannes ab. In jenen Tagen benutzten die Reichen nach dem Essen keine

Servietten. Sie wischten sich die Hände an Brotstücken ab. Lazarus bittet nur um die Krümel von diesem Brot.

Achten Sie auf den Gegensatz. Ein namenloser Baron schwelgt im Luxus. Ein Bettler mit einem Namen liegt im Elend. Zwischen ihnen befindet sich ein Tor; ein hohes Tor mit Eisenspitzen. Drinnen schlemmt ein Mensch. Draußen hungert ein Mensch. Und von oben spricht ein gerechter Gott ein Urteil. Der Vorhang des Todes fällt. Beide sterben. Und während auf der Bühne die zweite Szene ausgeleuchtet wird, werden wir Zeuge der Umkehrung des Schicksals.

»Schließlich starb der Bettler und wurde von den Engeln zu Abraham getragen. Auch der reiche Mann starb und wurde begraben, und seine Seele kam ins Totenreich. Während er dort Qualen litt, sah er in großer Entfernung Lazarus bei Abraham« (V. 22-23).

Der Bettler, der außer Gott nichts hatte, hat jetzt alles. Der reiche Mann, der alles außer Gott hatte, hat jetzt nichts. Der Bettler, dessen Leiche wahrscheinlich auf einen Schuttabladeplatz namens Gehenna geworfen wurde, wird jetzt mit einem Platz neben Abraham geehrt. Der reiche Mann, der in einem gehauenen Grab begraben und mit kostbarer Myrrhe gesalbt worden war, ist für die Gehenna der Ewigkeit bestimmt. Die Qual des Lazarus war zu Ende. Die Qual des reichen Mannes hat erst begonnen.

Wenn die Geschichte hier enden würde, wären wir bestürzt. Doch die Geschichte geht weiter. Jesus begleitet uns zum Rand der Hölle und zeigt uns ihre Schrecken. Der reiche Mann wird schonungslos gequält. In fünf Versen wird viermal von seiner Qual gesprochen.

»Während er dort Qualen litt, ...« (V. 23).

»..., denn ich leide entsetzliche Qualen in diesen Flammen« (V. 24).

»So wird er jetzt hier getröstet, und du leidest« (V. 25).

»Denn ich habe fünf Brüder und möchte sie vor diesem Ort der Qual warnen, damit sie nicht hierher kommen müssen, wenn sie sterben« (V. 28).

Der letzte Satz ist vielleicht der eindrucksvollste. Der reiche Mann bezeichnet sein neues Heim als einen »Ort der Qual«. Jede Faser seines Wesens wird gequält. Und was schlimmer ist (ja, es gibt etwas Schlimmeres), er kann den Ort des Wohlbehagens sehen, den er nie erleben wird. Er blickt auf und sieht den Bettler, der einst an seinem Tor wohnte. Jetzt bettelt der reiche Mann.

»Während er dort Qualen litt, sah er in großer Entfernung Lazarus bei Abraham. Der reiche Mann rief: ›Vater Abraham, hab Mitleid mit mir! Schicke mir Lazarus, damit er seine Fingerspitze in Wasser taucht und mir die Zunge kühlt, denn ich leide entsetzliche Qualen in diesen Flammen‹« (V. 23-24).

Die Hölle könnte vielleicht noch erträglich sein, wenn ihren Bewohnern ein Teil des Bewusstseins genommen würde. Aber das ist nicht der Fall. Die Bewohner sind hellwach. Sie stellen Fragen. Sie sprechen. Sie bitten. Von allen Schrecken der Hölle muss der schlimmste das Wissen sein, dass das Leiden nie enden wird. »Und sie werden der ewigen Verdammnis übergeben werden, den Gerechten aber wird das ewige Leben geschenkt« (Matthäus 25,46).

Dasselbe Adjektiv, das gebraucht wird, um die Länge des Lebens im Himmel zu beschreiben, wird benutzt, um die Dauer der Strafe zu schildern: *ewig*. Gute Menschen leben »für immer«. Böse Menschen werden »für immer« bestraft.[3]

Offenbarung 14,11 ist genauso beunruhigend: »Der Rauch ihrer Qualen wird für alle Zeit aufsteigen, und sie werden Tag und Nacht keine Erleichterung finden, weil sie das Tier und seine Statue angebetet und das Zeichen seines Namens angenommen haben.«

Wir würden schrecklich gerne glauben, dass die Sünder eine zweite Chance bekommen, dass nach einigen Monaten oder Jahrtausenden im Fegefeuer ihre Seelen gereinigt sind und dass schließlich alle gerettet werden. Das klingt zwar sehr anziehend, doch die Bibel lehrt so etwas einfach nicht. Abrahams Reaktion auf die Bitte des verlorenen Mannes bestätigt, dass die Geduld Gottes am Tor zur Hölle endet. »Außerdem trennt uns eine tiefe Kluft voneinander. Wer von hier zu euch gelangen will, wird durch diesen Abgrund daran gehindert, und ebenso kann von euch niemand hier herüberkommen« (Lukas 16,26).

Das griechische Wort für *liegt*, das hier benutzt wird, bedeutet »befestigen«. Wörtlich übersetzt steht hier »zementieren, dauerhaft einrichten«. Paulus benutzt das gleiche Wort in Römer 16,25, wenn er Christus rühmt, der euch »stärken« kann.

Es ist faszinierend. Dieselbe Macht, die die Geretteten im Reich Gottes standhaft macht, besiegelt das Geschick der Verlorenen. Es wird keine Missionsreisen in die Hölle und keine Urlaubsreisen in den Himmel geben. Dies ist eine harte Lehre und sie wirft eine schwierige Frage auf.

Wie kann ein liebender Gott Menschen in die Hölle schicken? Diese Frage wird oft gestellt. Die Frage selbst offenbart einige Missverständnisse.

Erstens, Gott *schickt* keine Menschen in die Hölle. Er respektiert nur ihre Entscheidung. Die Hölle ist der höchste Ausdruck von Gottes Hochachtung vor der Würde des Menschen. Er hat uns nie gezwungen, uns für ihn zu entscheiden, auch wenn das bedeutet, dass wir uns für die Hölle entscheiden. C.S. Lewis schrieb: »Am Ende gibt es nur zwei Arten von Menschen: diejenigen, die zu Gott sagen: ›Dein Wille geschehe‹ und diejenigen, zu denen Gott am Ende sagt: ›Dein Wille geschehe‹. Alle, die in der Hölle sind, haben sich dafür entschieden.«[4] In einem anderen Buch drückt Lewis diesen Gedanken so aus: »Ich glaube gerne, dass die Verdammten gewissermaßen erfolgreiche Rebellen bis zum Ende sind; dass die Türen der Hölle von innen verschlossen sind.«[5]

Nein, Gott »schickt« keine Menschen in die Hölle. Er schickt auch keine »Menschen« in die Hölle. Das ist das zweite Missverständnis.

Das Wort *Menschen* ist neutral, es deutet auf Unschuld hin. Nirgends lehrt die Heilige Schrift, dass unschuldige Menschen verdammt werden. Menschen kommen nicht in die

Hölle, sondern Sünder und Widerspenstige und Ichsüchtige. Wie könnte ein liebender Gott Menschen in die Hölle schicken? Er tut es nicht. Er respektiert einfach die Entscheidung der Sünder.

Die Geschichte Jesu endet mit einer erstaunlichen Kehrtwendung. Wir hören den reichen Mann flehen: »Bitte, Vater Abraham, schicke Lazarus zum Haus meines Vaters. Denn ich habe fünf Brüder und möchte sie vor diesem Ort der Qual warnen, damit sie nicht hierher kommen müssen, wenn sie sterben« (Lukas 16,27-28).

Was soll das? Ist der reiche Mann plötzlich von evangelistischem Eifer bewegt? Ein Mann, der Gott nie kannte, betet jetzt um Missionare? Erstaunlich, wie ein Schritt in die Hölle Prioritäten ändern kann. Wer die Schrecken der Hölle kennt, wird alles tun, um seine Freunde zu warnen.

Jesus, der die letzte Flut des Zorns kennt, fleht uns an, jedes Opfer zu bringen, um dem zu entgehen. »Wenn dich also deine Hand oder dein Fuß zum Bösen verführen will, hack sie ab und wirf sie weg. Besser du kommst als Krüppel oder Gelähmter in den Himmel, als dass du mit allen deinen Gliedmaßen ins ewige Höllenfeuer geworfen wirst« (Matthäus 18,8-9).

Zweifellos ist das die beunruhigendste Geschichte, die Jesus erzählt hat. Sie ist voller Wörter wie *Qual*, *Schmerz* und *Leiden*. Sie lehrt Begriffe, die schwer zu schlucken sind, Begriffe wie »bewusste Strafe« und »ewige Verbannung«. Aber sie lehrt auch eine Grundwahrheit, die leicht übersehen wird. Die Geschichte lehrt die unvorstellbare Liebe Gottes.

»Was? Die Liebe Gottes? Max, ich glaube, wir sprechen von zwei verschiedenen Geschichten. Meine Geschichte spricht von Strafe, Hölle und ewiger Trübsal. Wie kann dadurch die Liebe Gottes gelehrt werden?«

Weil Gott an diesen Ort ging, für Sie. Gott hat den Graben überbrückt. Gott hat die Kluft überquert. Warum? Damit Sie es nicht tun müssen.

Vergessen Sie nie, dass Jesus zur Sünde wurde, als er am Kreuz hing. »Denn Gott machte Christus, der nie gesündigt hat, zum Opfer für unsere Sünden, damit wir durch ihn vor Gott gerechtfertigt werden können« (2. Korinther 5,21). Jesus wurde zur Sünde, zu genau dem, was Gott hasst, zu genau dem, was Gott bestraft.

In Römer 6,23 schreibt Paulus: »Denn der Lohn der Sünde ist der Tod.« Der reiche Mann ist ein Beweis für diesen Vers. Wer ein Leben der Sünde führt, erntet eine Ewigkeit des Leidens. Gott bestraft die Sünde. Sogar, wenn die Sünde auf seinen eigenen Sohn gelegt ist. Genau das geschah am Kreuz. »Aber er ist um unserer Missetat willen verwundet und um unserer Sünde willen zerschlagen. Die Strafe liegt auf ihm, auf dass wir Frieden hätten« (Jesaja 53,5; Luther).

Und deshalb trug Jesus »unsere Krankheit« und »lud unsre Schmerzen auf sich« (Jesaja 53,4; Luther). Alles, was der reiche Mann fühlte, spürte auch Jesus. Was Sie sahen, als Sie in den Abgrund der Hölle blickten, hat Jesus am eigenen Leibe verspürt... Kein Wunder, dass er schrie: »Mein Gott, mein Gott, warum hast du mich verlassen?« (Markus 15,34).

Wie der reiche Mann kannte Jesus die Hölle. Aber im Gegensatz zu dem reichen Mann blieb Jesus nicht dort. »Da Gottes Kinder Menschen aus Fleisch und Blut sind, wurde auch Jesus als Mensch geboren. Denn nur so konnte er durch seinen Tod die Macht des Teufels brechen, der Macht über den Tod hatte. Nur so konnte er die befreien, die ihr Leben lang Sklaven ihrer Angst vor dem Tod waren« (Hebräer 2,14-15).

Ja, das Leiden der Hölle ist tief, aber nicht so tief wie Gottes Liebe.

Wie gehen wir praktisch mit dieser Botschaft um? Wenn Sie erlöst sind, müssten sie sich darüber freuen. Sie sind gerettet. Ein Blick in die Hölle bereitet dem Gläubigen Freude. Doch ein solcher Blick treibt den Gläubigen auch an, seine Bemühungen zu verdoppeln, die Verlorenen zu erreichen. Wer den Ernst der Hölle begriffen hat, betet eindringlicher und dient eifriger. Wir haben einen Auftrag, bei dem viel auf dem Spiel steht.

Und die Verlorenen? Was bedeutet diese Botschaft für die Menschen, die nicht vorbereitet sind? Schlagen Sie die Warnungen nicht in den Wind, sondern machen Sie sich bereit. Das Ende wird kommen. »[Der Tod] ist das Ende aller Menschen, und der Lebende nehme es zu Herzen« (Prediger 7,2; Luther).

Meine lieben Freunde, wir sind schon jetzt die Kinder Gottes, und wie wir sein werden, wenn Christus wiederkommt, das können wir uns nicht einmal vorstellen. Aber wir wissen, dass wir bei seiner Wiederkehr sein werden wie er, denn wir werden ihn sehen, wie er wirklich ist.

1. Johannes 3,2

12. Kapitel
Jesus sehen
Ein Tag freudigen Erstaunens

Augustinus hat einmal das folgende Experiment aufgestellt. Stellen Sie sich vor, Gott würde zu Ihnen sagen: »Ich mache ein Geschäft mit dir, wenn du willst. Ich gebe dir alles, worum du bittest: Vergnügen, Macht, Ehre, Reichtum, Freiheit, sogar Seelenfrieden und ein gutes Gewissen. Nichts wird Sünde sein; nichts wird dir verboten werden und nichts wird dir unmöglich sein. Du wirst dich nie langweilen, und du wirst nie sterben. Nur ... du wirst mein Angesicht nie sehen.«[1]

Der erste Teil des Vorschlags klingt verlockend. Spitzt nicht ein Teil unseres Ichs, der vergnügungssüchtige Teil in uns, bei dem Gedanken an schuldlosen und endlosen Genuss die Ohren? Doch dann, gerade wenn wir die Hand heben und uns melden wollen, hören wir den letzten Satz: »Du wirst mein Angesicht nie sehen.«

Und wir halten inne. *Nie?* Nie Gott sehen? Niemals die Gegenwart Christi erblicken? Verliert an diesem Punkt das Geschäft nicht ein bisschen von seinem Reiz? Kommen wir nicht ein wenig ins Grübeln? Lernen wir aus diesem Test nicht etwas über unser Herz? Offenbart dieses Experiment nicht einen tieferen, besseren Teil unseres Ichs, der Gott sehen will?

Bei vielen Menschen ist es so.

Bei anderen jedoch erweckt das Experiment von Augustinus nicht gerade reges Interesse, aber eine Frage. Eine peinliche Frage, und Sie sind vielleicht unschlüssig, ob Sie sie stellen sollen, denn Sie haben Bedenken, diese Frage könnte naiv oder unehrerbietig klingen. Da Sie möglicherweise solche Gedanken hegen, möchte ich die Frage für Sie stellen. Auf die Gefahr hin, Ihnen Worte in den Mund zu legen, formuliere ich die Frage an Ihrer Stelle: »Warum das große Geschäft?«, fragen Sie. »Ich möchte keinesfalls respektlos sein. Natürlich will ich Jesus sehen. Aber ihn *dauernd* sehen? Wird er so erstaunlich und wunderbar sein?«

Paulus bejaht diese Frage. »An dem Tag, an dem der Herr Jesus kommt, werden alle Gläubigen über Jesus erstaunt sein« (2. Thessalonicher 1,10; direkte Übersetzung aus dem englischen Text).

Über Jesus erstaunt. Nicht erstaunt über die Engel oder die Wohnungen, neue Körper oder neue Schöpfungen. Paulus erwähnt gar nicht die Freude, die wir empfinden, wenn wir die Apostel treffen oder Menschen, die wir liebten, umarmen. Falls wir darüber ins Staunen kommen, was sicherlich der Fall sein wird, so spricht er nicht darüber. Er sagt jedoch, dass wir über Jesus erstaunt sein werden.

Was wir bisher nur in Gedanken gesehen haben, werden wir mit eigenen Augen sehen. Was wir uns mit Mühe vorgestellt haben, werden wir betrachten können. Was bisher nur undeutlich war, werden wir vollständig und deutlich sehen. Und Paulus sagt, wir werden erstaunt sein.

Was wird so erstaunlich sein?

Natürlich kann ich diese Frage nicht aus persönlicher Erfahrung beantworten. Aber ich kann Sie zu jemandem bringen, der es kann. An einem Sonntagmorgen hat ein Mann namens Johannes Jesus gesehen. Und was er sah, hat er aufgezeichnet, und was er aufzeichnete, erweckt seit zweitausend Jahren das Interesse von Menschen, die Christus suchen.

Wir können uns Johannes als alten Mann mit gebeugten Schultern und schlurfendem Gang vorstellen. Lange ist es schon her, seit er als junger Mann mit Jesus durch Galiläa zog. Sein Herr wurde gekreuzigt, die meisten seiner Freunde sind tot. Und jetzt hat die römische Regierung ihn auf die Insel Patmos in die Verbannung geschickt. Stellen wir uns vor, wie er zum Strand geht, um zu beten. Der Wind lässt das Schilfgras erzittern, Wellen klatschen gegen den Sand und

Johannes sieht nichts als Wasser – ein Ozean trennt ihn von seiner Heimat. Doch keine noch so große Wassermenge kann ihn von Jesus trennen.

»Es war der Tag des Herrn, und ich betete im Geist. Plötzlich hörte ich hinter mir eine laute Stimme wie von einer Posaune. Sie sprach: ›Schreibe, was du siehst, in ein Buch und schicke es an die sieben Gemeinden: Ephesus, Smyrna, Pergamon, Thyatira, Sardes, Philadelphia und Laodizea!‹« (Offenbarung 1,10-11).

Johannes ist im Begriff, Jesus zu sehen. Natürlich ist dies nicht das erste Mal, dass er seinen Erlöser sieht.

Sie und ich können nur über die Hände lesen, die Tausende speisten. Nicht Johannes. Er sah sie, die knöchernen Finger, die schwieligen Hände. Sie und ich können nur über die Füße lesen, die sich einen Weg durch die Wellen bahnten. Nicht Johannes. Johannes sah sie – mit Sandalen bekleidet, mit zehn Zehen und schmutzig. Sie und ich können nur über seine Augen lesen – seine blitzenden Augen, seine feurigen Augen, seine weinenden Augen. Nicht so Johannes. Johannes sah sie, wie sie auf das Volk blickten, vor Lachen funkelten, nach Seelen suchten. Johannes sah Jesus.

Drei Jahre lang war er Jesus gefolgt. Doch dieses Treffen war so anders als jedes in Galiläa. Das Bild war so lebendig, der Eindruck so mächtig, dass Johannes bewusstlos umfiel. »Als ich ihn sah, fiel ich wie tot vor seine Füße« (Offenbarung 1,17).

Er beschreibt dieses Erlebnis wie folgt:

> Als ich mich umdrehte, um zu sehen, wer zu mir sprach, sah ich sieben goldene Leuchter. Und mitten unter den Leuchtern stand der Menschensohn. Er trug ein langes Gewand mit einem goldenen Gürtel über der Brust. Sein Kopf und sein Haar waren weiß wie Wolle, so weiß wie Schnee. Und seine Augen leuchteten wie Feuerflammen. Seine Füße glänzten wie im Feuer gereinigtes Erz, und seine Stimme war wie das Tosen mächtiger Meeres-

wellen. Er hielt sieben Sterne in seiner rechten Hand, und aus seinem Mund kam ein scharfes zweischneidiges Schwert. Und sein Gesicht strahlte wie die Sonne in ihrer ganzen Pracht. Als ich ihn sah, fiel ich wie tot vor seine Füße. Aber er legte seine rechte Hand auf mich und sagte: »Fürchte dich nicht!«

Offenbarung 1,12-17

Wenn Ihnen das, was Sie eben gelesen haben, rätselhaft vorkommt, befinden Sie sich in guter Gesellschaft. Die Welt der Offenbarung kann man nicht fassen und nicht erklären, man kann nur darüber nachsinnen. Und Johannes gibt uns ein Bild, über das wir nachsinnen können, ein Bild von Christus, das uns von allen Seiten umgibt. Schwerter und goldene Füße und weißes Haar und Sonnenlicht. Was sollen wir mit einem solchen Bild anfangen?

Zunächst einmal denken Sie vor allem daran, dass das, was Johannes schrieb, nicht das ist, was er sah. (Ja, Sie haben diesen Satz richtig gelesen.) Was Johannes schrieb, ist nicht das, was er sah. Das, was er schrieb ist *wie* das, was er sah. Was er sah, war so unirdisch, dass er keine Worte fand, um es zu beschreiben.

Folglich fielen ihm sehr viele Metaphern ein. Haben Sie bemerkt, wie oft Johannes das Wort *wie* benutzt? Er beschreibt Haar wie Wolle, Augen wie Feuerflammen, Füße wie im Feuer gereinigtes Erz, eine Stimme wie das Tosen mächtiger Meereswellen, und dann sagt er, dass Jesu Gesicht strahlte wie die Sonne in ihrer ganzen Pracht. Die Folgerung daraus liegt auf der Hand. Die menschliche Sprache genügt nicht, um Christus zu beschreiben. Mit einer atemberaubenden Anstrengung, das zu berichten, was er sah, gibt uns Johannes Symbole. Symbole, die ursprünglich für die Mitglieder der sieben Gemeinden in Asien bestimmt waren und von diesen verstanden wurden.

Wir können diesen Absatz nur begreifen, wenn wir die Symbole verstehen, wie die ursprünglichen Leser sie verstanden haben.

Übrigens ist uns die Strategie von Johannes nicht fremd. Wir tun das Gleiche. Wenn wir unsere Zeitung auf der Seite mit dem Leitartikel aufschlagen und ein Bild von einem Esel sehen, der mit einem Elefanten spricht, dann verstehen wir die Bedeutung. Es handelt sich nicht um eine Witzzeichnung über einen Zoo, es ist eine Witzzeichnung über Politik. (Bei nochmaliger Überlegung kommt man vielleicht zu dem Schluss, dass es doch eine Witzzeichnung über einen Zoo ist!) Jedenfalls kennen Sie die symbolische Bedeutung der Bilder. Wenn wir die Vision von Johannes verstehen wollen, müssen wir das Gleiche tun. Und wenn wir uns daranmachen, die Bilder zu interpretieren, erhalten wir flüchtige Eindrücke von dem, was wir sehen werden, wenn wir Christus erblicken. Versuchen wir es doch einmal.

Was werden wir sehen, wenn wir Christus sehen?

Wir werden den vollkommenen Priester sehen. »Er trug ein langes Gewand mit einem goldenen Gürtel über der Brust« (V. 13). Die ersten Leser dieser Botschaft verstanden die Bedeutung des Gewandes und des Gürtels. Jesus trägt die Kleidung eines Priesters. Ein Priester ist ein Mittler zwischen Gott und den Menschen.

Sie haben andere Priester gekannt. Es gab Menschen in Ihrem Leben, egal ob es Geistliche waren oder nicht, die versuchten, Sie zu Gott zu bringen. Aber diese Menschen brauchten selbst einen Priester. Manche hatten einen Priester nötiger als Sie. Wie Sie waren diese Menschen Sünder. Nicht Jesus. »Er ist ein Hoher Priester, wie wir ihn nötig haben, denn er ist heilig, ohne jede Schuld und unberührt von der Sünde. Er wurde von den sündigen Menschen getrennt und hat den höchsten Ehrenplatz im Himmel erhalten« (Hebräer 7,26).

Jesus ist der vollkommene Priester.

Er ist auch rein und reinigend. »Sein Kopf und sein Haar waren weiß wie Wolle, so weiß wie Schnee. Und seine Augen leuchteten wie Feuerflammen« (Offenbarung 1,14).

Wie würde ein Mensch aussehen, der nie gesündigt hat? Ein Mensch, der keine Sorgenfalten auf der Stirn hat und dessen Augen nicht vor Wut verfinstert sind? Dessen Lippen nicht vor Bitterkeit verkniffen und dessen Lächeln nicht durch Ichsucht entstellt ist? Wie würde jemand aussehen, der nie gesündigt hat? Wir werden es wissen, wenn wir Jesus sehen. Was Johannes an jenem Sonntag auf Patmos sah, war vollkommen fleckenlos. Es erinnerte ihn an die reine Schurwolle von Schafen und an unberührten Schnee im Winter.

Johannes wurde auch an Feuer erinnert. Andere sahen einen brennenden Busch, einen brennenden Altar, einen feurigen Ofen oder feurige Wagen, doch Johannes sah feurige Augen. Und in diesen Augen sah er eine reinigende Flamme, die die Bakterien der Sünde verbrennt und die Seele reinigt.

Ein Priester, weißhaarig, rein wie Schnee und weiß glühend. (Wir sehen, dass er kein bleicher Galiläer ist.) Das Bild geht weiter.

Wenn wir Jesus sehen, sehen wir vollkommene Kraft. »Seine Füße glänzten wie im Feuer gereinigtes Erz«[a] (V. 15).

Die Leser von Johannes kannten den Wert dieses Metalls. Eugene Peterson erklärt denen, die dieses Metall nicht kennen:

Bronze ist eine Verbindung von Eisen und Kupfer. Eisen ist stark, aber es rostet. Kupfer rostet nicht, aber es ist biegsam. Wenn man beide Metalle zu Bronze verbindet, wird die beste Qualität beider Metalle erhalten, die Stärke des Eisens und die Dauerhaftigkeit des Kupfers. Die Herrschaft Christi ist darauf gegründet: das Fundament seiner Macht ist durch Feuer geprüft.[2]

Bisher ist jede Macht der Welt zugrunde gegangen. Die Muskelmänner in den Zeitschriften, die Autos auf den Rennstrecken, die Armeen in den Geschichtsbüchern, alle hatten sie ihre Größe und eine Zeit des Erfolgs, doch ihre großen Tage sind vergangen. Die Kraft Jesu wird nie übertroffen werden. Nie. Wenn Sie ihn sehen, werden Sie zum ersten Mal wirkliche Kraft sehen.

Bis hierher hat Johannes beschrieben, was er sah. Jetzt berichtet er, was er hörte. Er beschreibt den Klang von Jesu

---

[a] Anm. d. Übers.: Im Englischen steht statt Gold »Bronze«.

Stimme, nicht die Worte, sondern den Klang, den Ton, die Klangfarbe. Ich kann sagen: »Ich liebe dich«, doch wenn ich es gezwungen und knurrend ausspreche, fühlen Sie sich nicht geliebt. Haben Sie sich schon gefragt, wie Sie sich fühlen würden, wenn Jesus zu Ihnen spräche? Johannes hatte den Eindruck, neben einem Wasserfall zu stehen: »Seine Stimme war wie das Tosen mächtiger Meereswellen« (V. 15).

Das Tosen mächtiger Meereswellen ist nicht zaghaft. Es bildet den Hintergrund für alle anderen Geräusche. Auch wenn die Natur schläft, hört man das Meer. Das gilt auch für Christus. Im Himmel hört man immer seine Stimme – ein festes, beruhigendes, gebietendes Zugegensein.

In seiner Hand befinden sich sieben Sterne. »Er hielt sieben Sterne in seiner rechten Hand« (V. 16). Später lesen wir: »Die sieben Sterne sind die Engel der sieben Gemeinden« (V. 20). Ich entschuldige mich bei allen Linkshändern, aber in der Bibel ist die rechte Hand ein Bild für Bereitschaft. Joseph wurde mit Jakobs rechter Hand gesegnet (1. Mose 48,20), das Rote Meer wurde von Gottes ausgestreckter rechter Hand geteilt (2. Mose 15,12), die rechte Hand Gottes stärkt uns (Psalm 18,36) und Jesus sitzt zur Rechten Gottes (Römer 8,34). Die rechte Hand ist ein Bild für Tat. Und was sieht Johannes in der rechten Hand Christi? Die Engel der Gemeinden. Wie ein Soldat sein Schwert bereitlegt oder ein Zimmermann seinen Hammer ergreift, so sorgt Jesus für die Engel, die bereit sind, damit er sie aussenden kann, um sein Volk zu schützen.

Dies ist wirklich ein Grund zur Beruhigung! Wie gut ist es, zu wissen, dass der reine, feurige Menschensohn mit den Füßen aus gereinigtem Erz vor allem ein Anliegen hat: den Schutz seiner Gemeinde. Er hält sie in seiner rechten Hand. Und er leitet sie mit dem Schwert seines Wortes: »... und aus seinem Mund kam ein scharfes zweischneidiges Schwert« (V. 16).

Der Klang seiner Stimme besänftigt die Seele, aber die Wahrheit seiner Stimme durchbohrt die Seele. »Das Wort Gottes ist lebendig und wirksam. Es ist schärfer als das schärfste Schwert und durchdringt unsere innersten Gedanken und

Wünsche. Es deckt auf, wer wir wirklich sind, und macht unser Herz vor Gott offenbar« (Hebräer 4,12-13).

Keine Rätsel, keine Spiele, keine Halbwahrheiten mehr. Der Himmel ist ein ehrliches Land, ein Land, in dem die Schatten vom Gesicht Jesu verbannt sind. »Sein Gesicht strahlte wie die Sonne in ihrer ganzen Pracht« (Offenbarung 1,16).

Was sollen wir mit einem solchen Bild anfangen? Wie sollen wir uns diese Bilder aneignen? Sollen wir sie auf einer Leinwand zusammenfügen und das Ergebnis dann für ein Porträt Jesu halten? Ich denke nicht. Ich meine nicht, dass es Ziel dieser Vision ist, uns zu sagen, wie Jesus aussieht, sondern vielmehr, wer Jesus ist:

Der perfekte Priester.
Der einzig Reine.
Die Quelle der Kraft.
Der Klang der Liebe.
Das ewige Licht.

Und was wird geschehen, wenn Sie Jesus sehen?

Sie werden unbefleckte Reinheit und ungebeugte Kraft sehen. Sie werden seine unaufhörliche Gegenwart spüren und seinen grenzenlosen Schutz kennen. Und – all das, was er ist, werden auch Sie sein, denn Sie werden wie Jesus sein. Hat das nicht Johannes versprochen? »Aber wir wissen, dass wir bei seiner Wiederkehr sein werden wie er, denn wir werden ihn sehen, wie er wirklich ist« (1. Johannes 3,2).

Da Sie so rein wie Schnee sein werden, werden Sie nie mehr sündigen.

Da Sie so stark wie Bronze sein werden, werden Sie nie mehr straucheln.

Da Sie nahe am Fluss wohnen werden, werden Sie sich nie mehr einsam fühlen.

Da die Arbeit des Priesters beendet sein wird, werden Sie nie mehr zweifeln.

Wenn Jesus wiederkommt, werden Sie im Licht Gottes wohnen. Und Sie werden ihn sehen, wie er wirklich ist.

*Ich werbe so eifersüchtig wie Gott um euch.
Denn als unberührte Braut habe ich euch
dem einen Bräutigam, Christus, versprochen.*

2. Korinther 11,2

13. Kapitel
Die Schwelle überschreiten
Ein Tag unaufhörlichen Feierns

Kennen Sie die Geschichte vom Prinzen und seiner Braut, dem Bauernmädchen? Es gibt keine fesselndere Liebesgeschichte. Man weiß nicht, was er an ihr anziehend findet. Er, der vornehme Prinz. Sie, ein einfaches Bauernmädchen. Er ist einzigartig, sie ist schlicht und unscheinbar. Nicht hässlich, aber sie kann es sein, und sie ist es oft: Sie ist häufig mürrisch und griesgrämig und schlecht gelaunt. Nicht gerade ein Mensch, mit dem man zusammenleben möchte.

Doch für den Prinzen ist sie der Mensch, ohne den er nicht leben kann. Also macht er ihr einen Heiratsantrag. Auf dem staubigen Fußboden ihrer Bauernhütte kniet er nieder, nimmt ihre Hand und bittet sie, seine Braut zu werden. Sogar die Engel neigen ihr Ohr, um sie »Ja« flüstern zu hören.

»Ich komme bald zurück«, verspricht er.

»Ich werde auf dich warten«, gelobt sie.

Niemand hält es für seltsam, dass der Prinz fortgeht. Er ist schließlich der Sohn des Königs. Sicherlich hat er Arbeit für das Königreich zu verrichten.

Nicht seine Abfahrt ist seltsam, sondern ihr Verhalten während seiner Abwesenheit. Sie vergisst, dass sie verlobt ist!

Man würde meinen, die Hochzeit ginge ihr nicht aus dem Sinn. Doch dem ist nicht so. Man würde meinen, sie spräche ständig von dem großen Tag. Aber nein. Einigen ihrer Freundinnen hat sie nie von dem Ereignis erzählt. Tage – ja Wochen – vergehen, und sie erwähnt seine Rückkehr mit keinem Wort. Nun, manchmal amüsiert sie sich sogar mit den Männern vom Dorf und flirtet und tuschelt mit ihnen am helllichten Tag. Wagen wir es, an das zu denken, was sie im Dunkeln der Nacht treibt?

Ist sie rebellisch? Vielleicht. Aber in erster Linie ist sie vergesslich. Sie vergisst einfach, dass sie verlobt ist. Das ist keine Entschuldigung, sagen Sie. Alle ihre Gedanken sollten sich um seine Rückkehr drehen! Wie kann ein Bauernmädchen ihren Prinzen vergessen? Wie kann eine Braut ihren Bräutigam vergessen?

Das ist eine gute Frage. Wie können wir? Sehen Sie, die Geschichte vom Prinzen und seiner Braut, dem Bauernmädchen, ist kein altes Märchen. Es ist keine Erzählung über die beiden, sondern ein Bild von uns. Sind wir nicht die Braut Christi? Wurden wir nicht als eine reine Braut mit einem einzigen Mann verlobt? Sagte Gott nicht zu uns: »Ich will mich mit dir verloben für alle Ewigkeit« (Hosea 2,21; Luther)?

Wir sind mit unserem Schöpfer verlobt! Wir, die Bauern, haben das Versprechen des Prinzen gehört. Er kam in unser Dorf, nahm unsere Hand und stahl unser Herz. Sogar die Engel neigten ihr Ohr, um uns »Ja« flüstern zu hören.

Und dieselben Engel müssen über unser Verhalten überrascht sein. Wir handeln nicht so, als wären wir verlobt. Tage – ja Wochen – vergehen und wir sagen nichts über unsere Hochzeit. Einige unserer guten Bekannten wissen nicht einmal, dass unser Prinz kommt. Woran liegt es? Sind wir rebellisch? Bis zu einem gewissen Grade, ja, aber ich denke, in erster Linie sind wir einfach vergesslich, leiden unter Gedächtnisverlust.

Letzte Woche ging ich in eine Drogerie und fragte den Verkäufer nach Vitaminen. Ich sah eine Flasche im Regal, die mir bekannt vorkam, eine Flasche Ginkgo. Die Woche zuvor hatte mir meine Mutter erzählt, dass sie für ihr Gedächtnis Ginkgo einnimmt. Ich wusste, dass ich von dem Vitamin gehört hatte, wusste aber nicht mehr von wem. Raten Sie, was ich den Verkäufer fragte? Ich zeigte auf die Flasche und sagte: »Bitte helfen Sie mir weiter, ich kann mich nicht mehr erinnern, wofür das gut ist.« (Er gab mir einen Preisnachlass.)

Es ist eine Sache, den Zweck von Ginkgo zu vergessen. Aber unsere Verlobung mit Christus zu vergessen ist etwas anderes. Wir brauchen eine Gedächtnisstütze! Darf ich Ihnen einen Ansporn geben?

Sie haben Gottes Herz erobert.

Zum ersten Mal erlebte ich die Macht eines Heiratsantrags in der Hochschule. Ich war mit einem Mädchen im Unterricht, das sich verlobte. Ich erinnere mich kaum noch an den Unterricht, ich weiß nur, dass er frühmorgens stattfand und dass die Dozentin langweilig war. (Ärzte schickten Leute, die an Schlaflosigkeit litten, zur Behandlung in diesen Unterricht.) Ich erinnere mich nicht einmal mehr an den Namen des Mädchens. Ich weiß nur noch, dass sie schüchtern und verklemmt war. In einer Gruppe bemerkte man sie kaum, und gerade das schien ihr zu gefallen. Kein Make-up, keine modischen Kleider. Sie war einfach mittelmäßig.

Eines Tages jedoch begann sich das alles zu ändern. Sie hatte eine neue Frisur. Sie kleidete sich anders. Sogar ihre Stimme veränderte sich. Sie sprach. Sie sprach voll Selbstvertrauen. Wodurch wurde dieser Unterschied bewirkt?

Ganz einfach. Sie wurde auserwählt. Ein junger Mann, den sie liebte, schaute ihr geradewegs in die Augen und sagte: »Komm, wir bleiben für immer zusammen.« Und sie änderte sich. Dieser Antrag machte sie stark. Durch seine Liebe fühlte sie sich bestätigt. Seine Liebe zu ihr überzeugte sie davon, dass sie liebenswert war.

Gottes Liebe kann das Gleiche für uns tun. Wie das Mädchen fühlen wir uns so mittelmäßig. Gefühle der Unsicherheit beschleichen uns. Wir werden von Selbstzweifeln geplagt. Aber der Heiratsantrag des Prinzen kann das alles ändern.

Wollen Sie eine Therapie für Unsicherheit? Ein Elixier für Selbstzweifel? Dann denken Sie über diese Worte nach, die an Sie gerichtet sind:

> Du hast mir das Herz genommen, meine Schwester, liebe Braut, du hast mir das Herz genommen mit einem einzigen Blick deiner Augen, mit einer einzigen Kette an deinem Hals. Wie schön ist deine Liebe, meine Schwes-

ter, liebe Braut! Deine Liebe ist lieblicher als Wein, und der Geruch deiner Salben übertrifft alle Gewürze. Von deinen Lippen, meine Braut, träufelt Honigseim. Honig und Milch sind unter deiner Zunge, und der Duft deiner Kleider ist wie der Duft des Libanon.

Hoheslied 4,9-12; Luther

Kommt Ihnen diese Sprache seltsam vor? Finden Sie es komisch, an Gott als einen hingerissenen Liebhaber zu denken? Ist es Ihnen peinlich, sich Jesus als einen liebestrunkenen Freier vorzustellen? Wenn ja, wie können Sie sich sein Handeln sonst erklären? War es Logik, die Gott in eine Krippe legte? Hat der gesunde Menschenverstand ihn ans Kreuz gebracht? Kam Jesus aufgrund eines Naturgesetzes auf die Erde? Nein, er kam als Prinz, der ein Auge auf das Mädchen geworfen hatte, bereit, sogar mit dem Drachen zu kämpfen, wenn das erforderlich war, um ihre Hand zu gewinnen.

Und genau das war erforderlich: ein Kampf mit dem Drachen der Hölle. Er sagte: »Ich habe dich je und je geliebt, darum habe ich dich zu mir gezogen aus lauter Güte« (Jeremia 31,3; Luther).

Während ich an diesem Kapitel schrieb, rief mich ein Mann an, der mich um Rat hinsichtlich seiner Freundin bat. Er wusste nicht, was er tun sollte. Wegen ihrer Arbeitsstelle wohnten sie in verschiedenen Städten; außerdem waren ihre Ansichten zu ihrer Beziehung unterschiedlich. Er war bereit zu heiraten; sie wollte damit noch etwas warten. Sie hätten die Emotion in seiner Stimme hören sollen: »Ich denke, ich kann ohne sie leben«, sagte er. »Aber ich will nicht.«

Zweifellos kann Jesus ohne uns leben, aber er will nicht. Er sehnt sich nach seiner Braut.

Haben Sie schon einmal bemerkt, wie ein Bräutigam seine Braut während der Hochzeit anschaut? Ich schon. Vielleicht kann ich das besser beobachten als andere. Als Pfarrer stehe ich in unmittelbarer Nähe des Bräutigams. Wir stehen nebeneinander, er wird heiraten und ich werde die Trauung vornehmen. Bevor wir am Altar stehen, haben wir schon einige Zeit miteinander in der Sakristei verbracht, wo er seinen Kragen zurechtzog und sich den Schweiß von der Stirn wischte. Seine Kumpels haben ihm gesagt, es sei noch nicht zu spät, um einen Rückzieher zu machen, und ich kann immer einen halb ernsten Blick in seinen Augen entdecken, der besagt, dass er es tatsächlich könnte. Als Pfarrer habe ich das Signal zu geben, wann es Zeit ist, zum Altar zu gehen. Er folgt mir ins Gotteshaus wie ein Verbrecher, der zum Galgen schreitet. Aber all das ändert sich, wenn sie erscheint. Und der Blick auf seinem Gesicht ist mir der liebste Augenblick bei jeder Hochzeit.

Den meisten entgeht dies, weil sie nur auf die Braut schauen. Doch wenn alle Augen auf sie gerichtet sind, werfe ich einen Blick auf den Bräutigam. Wenn das Licht unter dem richtigen Winkel einfällt, kann ich ein winziges Spiegelbild in seinen Augen erkennen. Das Spiegelbild der Braut. Und ihr Anblick erinnert ihn daran, warum er hier ist. Sein Kiefer entspannt sich, sein gezwungenes Lächeln entkrampft sich. Er vergisst, dass er einen Smoking trägt. Er vergisst sein durchschwitztes Hemd. Wenn er sie sieht, wird jeder Gedanke an einen Rückzieher zum Witz. Denn es steht auf seinem Gesicht geschrieben: »Wer könnte jemals ohne diese Braut leben?«

Und genau so sind die Gefühle von Jesus. Schauen Sie lange genug in die Augen unseres Retters und Sie werden auch hier eine Braut sehen. Gekleidet in feines Leinen, in reine Gnade. Vom Kranz in ihrem Haar bis zu den Wolken zu ihren Füßen ist sie königlich; sie ist die Prinzessin. Sie ist die Braut. Seine Braut. Sie geht auf ihn zu, doch sie ist noch nicht bei ihm. Aber er sieht sie, er wartet auf sie, er sehnt sich nach ihr.

»Wer könnte jemals ohne diese Braut leben?«, hören Sie ihn flüstern.

Und wer ist diese Braut? Wer ist diese Schönheit, die das Herz Jesu einnimmt? Es ist nicht die Natur. Er liebt seine Schöpfung, und die Schöpfung seufzt, um bei ihm zu sein. Doch seine Schöpfung hat er nie seine Braut genannt.

Es sind nicht die Engel. Die Engel sind immer gegenwärtig, um ihn anzubeten und um ihm zu dienen; aber die himmlischen Wesen hat er nie seine Braut genannt.

Wer dann? Wer ist die Braut, über die Jesus spricht und nach der Jesus sich sehnt? Wer ist das Mädchen, das das Herz von Gottes Sohn erobert hat?

Sie sind es. Sie haben das Herz Gottes erobert. »Wie sich ein Bräutigam freut über die Braut, so wird sich dein Gott über dich freuen« (Jesaja 62,5; Luther).

Die Herausforderung liegt darin, sich daran zu erinnern, darüber nachzudenken, sich darauf zu konzentrieren, zuzulassen, dass seine Liebe Ihre Selbsteinschätzung ändert.

Fühlen Sie sich zuweilen unbeachtet gelassen? Neue Kleider und eine neue Frisur helfen vielleicht eine Zeit lang. Aber wenn Sie eine dauerhafte Änderung wollen, dann lernen Sie, sich so zu sehen, wie Gott Sie sieht: »Er hat mir die Kleider des Heils angezogen und mich mit dem Mantel der Gerechtigkeit gekleidet, wie einen Bräutigam mit priesterlichem Kopfschmuck geziert und wie eine Braut, die in ihrem Geschmeide prangt« (Jesaja 61,10; Luther).

Ist Ihr Selbstwertgefühl manchmal im Keller? Wenn ja, dann erinnern Sie sich an das, was Sie wert sind. »Denn ihr wisst, dass Gott euch nicht mit vergänglichen Werten wie Silber oder Gold losgekauft hat von eurem früheren Leben, das ihr gelebt habt wie schon Generationen vor euch. Er bezahlte für euch mit dem kostbaren Blut von Jesus Christus, der rein und ohne Sünde zum Opferlamm Gottes wurde« (1. Petrus 1,18-19).

Machen Sie sich Sorgen, ob diese Liebe fortbestehen wird? Das brauchen Sie nicht. »Und das ist die wahre Liebe: Nicht wir haben Gott geliebt, sondern er hat uns zuerst geliebt und hat uns seinen Sohn gesandt, damit er uns von aller Schuld befreit« (1. Johannes 4,10).

Haben Sie manchmal das Gefühl, nichts zu haben?

Dann schauen Sie auf all die Geschenke, die er Ihnen gegeben hat: Er hat seine Engel geschickt, damit sie sich um Sie kümmern, seinen heiligen Geist, damit er in Ihnen wohnt, seine Gemeinde, um Sie zu ermutigen, und sein Wort, um Sie zu führen. Sie haben Sonderrechte, wie sie nur eine Braut haben kann. Er hört zu, wann immer Sie sprechen; er reagiert auf jede Ihrer Bitten. Er lässt nie zu, dass Sie zu sehr versucht werden oder zu weit straucheln. Wenn eine Träne auf Ihre Wange fällt, so ist er da, um sie abzuwischen. Wenn Sie ein Liebeslied singen, hängt er an Ihren Lippen. So sehr Sie ihn auch sehen möchten, er will Sie noch viel mehr sehen.

Er baut ein Haus für Sie. Und mit jedem Hammerschlag, mit jedem Schnitt der Säge träumt er von dem Tag, an dem er Sie über die Schwelle tragen wird. »Es gibt viele Wohnungen im Haus meines Vaters, und ich gehe voraus, um euch einen Platz vorzubereiten. Wenn es nicht so wäre, hätte ich es euch dann so gesagt? Wenn dann alles bereit ist, werde ich kommen und euch holen, damit ihr immer bei mir seid, dort, wo ich bin« (Johannes 14,2-3).

Sie wurden von Christus auserwählt. Sie sind von Ihrem alten Leben in Ihrem alten Haus erlöst, er hat Anspruch auf Sie als seine Geliebte erhoben. »Wo ist er dann?«, fragen Sie vielleicht. »Warum ist er noch nicht gekommen?«

Dafür gibt es nur eine Antwort. Seine Braut ist nicht bereit. Sie wird noch vorbereitet.

Verlobte werden von Hochzeitsvorbereitungen regelrecht geplagt. Die richtige Kleidung. Das richtige Gewicht. Die richtige Frisur und der richtige Smoking. Sie wollen, dass alles richtig ist. Warum? Damit ihre Braut sie heiratet? Nein. Genau das Gegenteil. Sie wollen so gut wie möglich aussehen, *weil* ihre Braut sie heiratet.

Das Gleiche gilt für uns. Für Christus wollen wir so gut wie möglich aussehen. Wir wollen, dass unsere Herzen rein und unsere Gedanken sauber sind. Wir wollen, dass unser Gesicht vor Gnade strahlt und unsere Augen vor Liebe funkeln. Wir wollen vorbereitet sein.

Warum? In der Hoffnung, dass er uns lieben wird? Nein. Genau das Gegenteil: Weil er uns schon liebt.

Auf Sie wurde Anspruch erhoben. Sie sind verlobt, ausgesondert, herausgerufen, eine heilige Braut. Verbotene Gefilde haben Ihnen nichts zu bieten. Sie wurden für sein Schloss auserwählt. Lassen Sie sich nicht auf flüchtige Abenteuer in den Armen eines anderen ein.

Konzentrieren Sie sich auf den Tag Ihrer Hochzeit. Hüten Sie sich vor Vergesslichkeit. Dulden Sie keine Gedächtnislücken. Machen Sie sich Notizen. Lernen Sie Verse auswendig. Tun Sie alles, was nötig ist, damit Sie sich erinnern. »Sucht Christus, der zur Rechten Gottes im Himmel sitzt. Denkt nicht an weltliche Angelegenheiten, sondern konzentriert eure Gedanken auf ihn!« (Kolosser 3,1-2). Sie sind mit einem Mitglied des Königshauses verlobt, und Ihr Prinz kommt bald, um Sie nach Hause zu holen.

Mit einem Ohr auf die Posaune horchen

Was Tiere betrifft, so ist unser Haus ein regelrechter Zoo. Ich frage mich, ob andere Leute auch so seltsame Erlebnisse wie wir haben. Bei uns kam ein Vogel durch den Kamin und blieb im Schlafzimmer gefangen. Ein anderer flog mit voller Wucht gegen eine Fensterscheibe und blieb eine Zeit lang benommen liegen. Eine Woche lang vergaßen wir, einen Goldfisch zu füttern – und er überlebte. Wir ließen ein Kaninchen an einer Pflanze im Garten knabbern, aber es wollte nicht. Anscheinend erleben wir mehr Episoden mit Tieren als andere Menschen. In der Tat frage ich mich manchmal, ob Gott die Tiere zu uns schickt, damit wir jede Menge anschauliche Bilder zur Verfügung haben.

Letzte Woche war das mein Gedanke über Fred. Fred ist einer der beiden Hamster unter der Verfügungsgewalt unserer neunjährigen Tochter Sara. Sie ließ ihn auf der Klaviertastatur auf und ab rennen. Ich weiß nicht, wie Denalyn über einen Hamster auf ihrem neuen Klavier gedacht hätte, aber sie war nicht zu Hause. Übrigens führte ich in dieser Angelegenheit den Vorsitz, in rechter väterlicher Weise: auf dem Sofa ausgestreckt. Das kleine Kerlchen richtete ja keinen Schaden an – und es schien seinen Spaß zu haben. Wir zumindest hatten unseren Spaß. Sara und ich kicherten über Freds behände Sprints. Er gab dem Ausdruck »über die Tasten flitzen« eine neue Bedeutung. Nach mehreren Rennen waren wir alle drei etwas müde. Also setzte Sara Fred da ab, wo man das Notenblatt hinstellt. Ich schloss meine Augen und Sara trat nur einen Augenblick lang vom Klavier weg. Fred benötigte nur diese Sekunde, um in Schwierigkeiten zu geraten.

Um zu verstehen, was dann passierte, müssen Sie wissen, dass bei unserem Klavier die Saiten horizontal angeordnet sind. Hätten wir ein klassisches Klavier mit senkrecht stehenden Saiten gehabt, wäre Fred in Sicherheit gewesen. Wäre der Deckel geschlossen gewesen, wäre Fred in Sicherheit gewesen. Aber der Deckel stand offen, Sara war abgelenkt und ich döste gerade ein, als Fred beschloss, über den Rand zu spähen.

Ich öffnete meine Augen gerade rechtzeitig, um zu sehen, wie er in die Tiefe von Klaviersaiten und Filzhämmerchen fiel. Wir, Sara und ich, sprangen beide hoch, aber es war zu spät. Unser kleiner Freund war nicht nur im Klavier, er war unter den Saiten gefangen. Wir konnten sehen, wie sein Pelzrücken die Drähte streifte, während er vor- und zurückrannte, um nach einem Ausgang zu suchen.

Fred saß in der Falle.

Und wir waren ratlos. Wie bekommt man einen Hamster aus einem Klavier? Wir versuchten es mit verschiedenen Methoden.

Wir versuchten, ihm kleine Stupse zu geben. Wir zwängten unsere Finger zwischen die Drähte und versuchten, ihn zum Ausgang zu locken. Es funktionierte nicht. Er rannte in die entgegengesetzte Richtung und verschwand in einer Ecke. Wir konnten ihn nicht mehr sehen. Wir hielten eine Lampe über das Klavier, konnten ihn aber immer noch nicht sehen. Wir versuchten es mit Taschenlampen und konnten ihn trotzdem nicht erspähen. Locken nutzte nichts.

Also versuchten wir, ihn aus seinem Schlupfwinkel herauszurufen. Wir benutzten alle möglichen Stimmen.

Die Stimme eines Suchtrupps: »Fred, kannst du uns hören?«

Die Stimme eines Freundes: »Komm her, Fred, alter Kumpel.«

Die Stimme einer Mutter: »Freddilein, wo bist du?«

Die Stimme eines Ausbildungsunteroffiziers: »Fred. Raus mit dir!«

Nichts funktionierte. Locken nutzte nichts, Rufen nutzte nichts. Also hatten wir eine andere Idee. Wie wäre es mit etwas Klaviermusik? Wir mussten vorsichtig sein; bestimmte Lieder könnten gefährlich werden. Eine lebhafte Wiedergabe von John Philip Sousa könnte ihn umbringen. Also gingen wir feinfühlig vor, berührten erst diese Taste, dann jene und machten eine Pause, um auf das Geräusch kleiner Füße zu lauschen. Wir hörten nichts. Wir spielten mehr und lauschten wieder. Immer noch kein Glück. Wir versuchten einige kreative Melodien. Wir dachten, bei dem Lied »Drei blinde Mäuse« würde er Heimweh bekommen. Wir versuchten es mit »Pop, macht der Hamster«. Aber er verstand unsere Botschaft nicht. Er weigerte sich, aus seinem Versteck herauszukommen.

Es blieb nur noch eine Lösung: Wir mussten das Klavier auseinanderbauen. Manchen würde diese Aufgabe vielleicht keine Angst machen, aber mir schon. Ich bin nicht sehr geschickt mit meinen Händen. Ich habe schon Schwierigkeiten, wenn ich einen Laib Brot anschneiden muss, also erst recht damit, ein Musikinstrument zu öffnen. Aber Fred, der Hamster, war in Gefahr. Könnten wir den Gedanken ertragen, dass er im Klavier gefangen bleibt? Könnten wir den Geruch ertragen, wenn er im Klavier gefangen bleibt? Also griff ich nach meinem alten Schraubenzieher und begann nach einer Stelle zu suchen, wo ich anfangen konnte.

Ich konnte keine finden. Der Rahmen hatte keine Schrauben. Die Tastatur hatte keine Schrauben. Ich fand heraus, wie man ein Pedal abnimmt, aber das half nicht viel weiter.

Wir saßen wieder in der Falle. Wir alle saßen in der Falle. Fred war nicht zum Atemholen aufgetaucht und wir hatten keine Lösung gefunden. Jetzt konnten wir nur noch beten, dass er die Nacht überlebt, und am Morgen einen Klavierstimmer rufen. Ich wusste noch nicht so recht, was ich dem Klavierstimmer sagen würde. (»Nein, das Klavier klingt gut. Aber wir haben einen Hamster, der Sperenzchen macht.«)

Als wir uns zu einer Pause hinsetzten, fragte ich mich: *Geschehen diese Dinge auch in anderen Familien? Oder weiß Gott, dass ich einen Schluss für das Buch brauche?*

Wenn ja, dann würde er mir mit Fred einen guten Schluss schenken. Wir haben viel gemeinsam – Sie und ich – mit Saras Tierchen. Wie Fred sind wir gefallen. Und wie Fred sind wir gefangen, nicht wie Fred in Klaviersaiten, sondern gefangen in Schuld, Angst und Stolz. Dies ist ein fremder, furchterregender Ort. Es war nie vorgesehen, dass wir uns hier befinden. Irgendwie wussten wir, dass nie vorgesehen war, dass wir so weit entfernt von der Hand unseres Herrn leben. Wir wissen nicht, wie wir herauskommen.

Aber Gott weiß es. Er ist nicht ratlos. Und er will, dass wir wissen, dass er bald kommt und uns nach Hause holt. Ist das nicht die letzte Aussage der Bibel? »Ja, ich komme bald« (Offenbarung 22,20). Aber achten wir darauf? Einige schon. Aber andere reagieren langsam, wie Fred. Glücklicherweise versteht Gott das. Und er wird kreativ.

Er lockt. Durch die Finger der Umstände und Situationen versucht er, uns dazu zu bringen, aufzuschauen. Aber wie Fred flitzen wir in eine Ecke.

Er ruft uns. Manchmal flüsternd. Dann wieder laut. Aber wir antworten nicht immer.

Also sorgt er für etwas Musik. Göttliche Finger berühren die Tastatur des Universums. Wir werden mit regelrechten Symphonien von Sonnenaufgängen und Sonnenuntergängen verwöhnt, mit majestätischen Adlern und klatschenden Wellen. Alles soll unsere Aufmerksamkeit erwecken. Aber die meisten bleiben in ihrer Ecke.

Gott hat sogar einige Dinge auseinandergebaut. Jene Zeiten, in denen wir den Eindruck hatten, unsere Welt stürzt ein? Gott hat einen Schraubenzieher genommen, um die Dinge etwas aufzurütteln – nicht, weil er uns nicht liebt. Im Gegenteil. Er liebt uns von ganzem Herzen. Und er wird alles Erforderliche tun, um seine Kinder zu retten.

Auch wenn es bedeutet, einer von uns zu werden und in unsere Welt zu kommen.

Ich sagte es im Spaß zu den Mädchen. Nachdem wir alles Mögliche versucht hatten, bemerkte ich: »Nun, wenn einer von uns ein Hamster werden könnte, dann könnten wir hineinschlüpfen und Fred den Weg heraus zeigen.«

Natürlich könnten wir ein solches Unterfangen nicht einmal beginnen. Aber könnten Sie sich vorstellen, es zu tun, wenn Sie dazu in der Lage wären? Könnten Sie sich vorstellen, wie Fred zu werden? Einen runden Bauch, kurze Beine und Barthaare zu bekommen? (Einige von Ihnen denken, ich habe gerade Ihren Ehemann beschrieben.) Ihre große Welt gegen seine enge Welt einzutauschen? Nun, wir können uns so etwas nicht vorstellen. Aber Gott konnte es – und Gott tat es. Und die Reise vom Menschen zum Hamster ist nichts verglichen mit dem Unterschied zwischen Himmel und Erde. Gott wurde ein Baby. Er trat in die Welt ein, nicht in eine Welt von Klaviersaiten und Filzhämmerchen, sondern in eine Welt voller Probleme und Herzeleid.

»Er, der das Wort ist, wurde Mensch und lebte unter uns« (Johannes 1,14).

Das wichtigste Wort in diesem Vers ist *unter*. Er lebte *unter* uns. Er zog das kostspieligste aller Kleider an: den menschlichen Körper. Er machte aus einer Krippe einen Thron und aus ein paar Kühen einen königlichen Hofstaat. Er nahm einen gewöhnlichen Namen an – Jesus – und machte ihn heilig. Er nahm gewöhnliche Leute und machte sie ebenfalls heilig. Er hätte über uns und weit weg von uns leben können. Aber er tat es nicht. Er lebte *unter* uns.

Er wurde ein Freund der Sünder und ein Bruder der Armen. Er berührte ihre Wunden und fühlte ihre Tränen und zahlte für ihre Fehler. Er wurde in ein Grab gelegt und kam wieder heraus und versprach, dass wir das auch tun werden. Und uns allen und allen verängstigten Freds dieser Welt übermittelte er diese Botschaft: »Habt keine Angst. Ihr vertraut auf Gott, nun vertraut auch auf mich! ... Wenn dann alles bereit ist, werde ich kommen und euch holen, damit ihr immer bei mir seid, dort, wo ich bin« (Johannes 14,1.3).

Und wie reagieren wir?

Einige geben vor, dass er nicht existiert. Sie begnügen sich mit einer Untersuchung des Klaviers und stellen keine Fragen über den Meister.

Andere hören ihn, aber glauben ihm nicht. Es ist nicht leicht zu glauben, dass Gott so weit gehen würde, um uns nach Hause zu holen.

Doch einige wenige beschließen, es zu versuchen. Sie wagen sich aus ihrer Ecke heraus und spähen durch die Öffnung. Jeden Tag schauen sie zum Himmel. Wie Simeon »erwarten« und »erstreben« sie den Tag, an dem Christus kommt (2. Petrus 3,11; Luther). Sie wissen, dass es im Leben noch etwas anderes außerhalb des Klangkörpers eines Klaviers gibt, und sie wollen bereit sein, wenn Christus kommt.

Werden auch Sie ein Suchender. Horchen Sie mit einem Ohr auf die Posaune, halten Sie mit einem Auge Ausschau nach den Wolken. Und seien Sie bereit, wenn er Ihren Namen ruft.

Vielleicht fragen Sie sich, was mit Fred geschah. Nun, schließlich machte er sich auf den Weg zurück zu der Stelle, an der er hineingefallen war. Er schaute hoch. Und in diesem Augenblick war Sara da. Er hob seinen Kopf gerade hoch genug, dass sie ihn greifen und herausheben konnte.

Genau das wird Gott für Sie tun. Sie schauen hoch, und er greift nach Ihnen und bringt Sie nach Hause ...

wenn Jesus wiederkommt.

Anmerkungen

Kapitel 1: »Vertraut, um den Rest kümmere ich mich.«

[1] John MacArthur: *The Glory of Heaven* (Wheaton, Ill.: Crossway Books, 1996), 118.
[2] Titanic Live, Rundfunksendung auf dem Discovery Channel, 16. August 1998; *Prime Time Live*, 13. August 1998.

Kapitel 3: Die Wiege der Hoffnung

[1] Jack Canfield und Mark Hansen: *Chicken Soup for the Soul* (Deerfield Beach, Fl.: Health Communications, 1993), 273-274.
[2] John R. W. Stott: *Basic Christianity* (Downers Grove, Ill.: InterVarsity, 1971), 50.

Kapitel 4: In die gütigen Arme Gottes

[1] Aus Bob Russell: *Favorite Stories* (Louisville, Ky.: The Living Word Ministries), Tonband.
[2] Anthony Hoekema: *The Bible and the Future* (Grand Rapids, Mich.: Eerdmans, 1979), 104. *Analysai* (weggehen) ist ein aoristischer Infinitiv, der das augenblickliche Erlebnis des Todes beschreibt. Durch einen einfachen Artikel mit *analysai* verbunden ist der Infinitiv-Präsens *einai* (sein). Der einfache Artikel verbindet die beiden Infinitive, sodass die von den Infinitiven beschriebenen Handlungen zwei Aspekte derselben Sache sind, wie die beiden Seiten derselben Münze. Paulus sagt hier, dass er in demselben Moment, in dem er weggeht oder stirbt, bei Christus sein wird.

Kapitel 5: Ein brandneues Du

[1] Außer natürlich, wenn Sie leben, wenn Jesus wiederkommt. Doch dann werden Sie auch einen neuen Körper bekommen. Paulus sagt das in 1. Korinther 15,51.
[2] Hans-Joachim Kraus: *Charisma der Theologie*, zitiert nach John Piper, *Future Grace* (Sisters, Oreg.: Multnomah Books, 1995), 370.

³ Joni Eareckson Tada: *Heaven: Your Real Home* (Grand Rapids, Mich.: Zondervan, 1995), 39.
⁴ Lukas 24,13-35; Johannes 20,10-18; Johannes 21,12-14.
⁵ Johannes 20,14; Johannes 21,1-4; Lukas 24,16; Johannes 20,26.

Kapitel 9: Der letzte Tag des Bösen

¹ Darüber schrieb ich ausführlicher in *The Great House of God*. Eine gründlichere Behandlung dieses Themas finden Sie dort auf den Seiten 143-155.
² Joe Beam: *Seeing the Unseen* (West Monroe, La.: Howard, 1994), 230.

Kapitel 10: Konkrete Gnade

¹ J. C. Ryle, zitiert nach John Blanchard in *Whatever Happened to Hell?* (Wheaton, Ill.: Crossway Books, 1995), 184.
² Donald Bloesch: *Essentials of Evangelical Theology* (San Francisco: Harper and Row, 1978), 229.

Kapitel 11: Die Vorwarnung der Liebe

¹ C. S. Lewis, zitiert in Larry Dixon: *The Other Side of the Good News* (Wheaton, Ill.: Victor Books, 1992), 45.
² Zwei unterschiedliche Meinungen über die Dauer der Hölle finden Sie in Blanchard: *Whatever Happened to Hell?* und Edward William Fudge: *The Fire That Consumes* (Carlisle, UK: The Paternoster Press, 1994).
³ Blanchard: *Whatever Happened to Hell?*, 130.
⁴ C. S. Lewis: *The Great Divorce* (New York: Macmillan, 1946), 66-67. Zitiert nach Blanchard: *Whatever Happened to Hell?*, 151.
⁵ C. S. Lewis: *The Problem of Pain* (New York: Macmillan, 1967), 127. Zitiert nach Blanchard: *Whatever Happened to Hell?*, 152.

Kapitel 12: Jesus sehen

¹ Peter Kreeft: *Heaven: The Heart's Deepest Longing* (San Francisco: Ignatius Press, 1980), 49.
² Eugene Peterson: *Reversed Thunder* (San Francisco: Harper San Francisco, 1988), 36-37.

Max Lucado

Gott ganz vertrauen

Gebunden, 13,5 x 20,5 cm, 220 S.,
Nr. 395.028,
ISBN 978-3-7751-5028-6

»Selbst wenn tausend Schritte zwischen Gott und uns liegen: Er wird alle bis auf einen einzigen gehen. Doch diesen letzten Schritt wird er uns überlassen.« Meisterhaft schreibt Max Lucado, wie Gott redet und wie wir darauf antworten können.

Max Lucado

Staunen über den Erlöser

Gebunden, 13,5 x 20,5 cm, 208 S.,
Nr. 394.782,
ISBN 978-3-7751-4782-8

Der Bestseller-Autor und Pastor schreibt über die Ereignisse von Karfreitag bis Ostern: Erwarten Sie eine bildreiche Sprache, die Ihnen in kurzen Episoden Worte, Symbole und die Weisheit des Erlösers vermittelt. Ein Werk, das zum Staunen führt!

Bitte fragen Sie in Ihrer Buchhandlung nach diesen Büchern!
Oder schreiben Sie an: SCM Hänssler,
D-71087 Holzgerlingen; E-Mail: info@scm-haenssler.de

Max Lucado

Weil du es ihm wert bist

Gebunden, 13,5 x 20,5 cm, 144 S.,
Nr. 393.768,
ISBN 978-3-7751-3768-3

Das Kreuz war eine bewusste Entscheidung – aus Liebe. Max Lucado erklärt in 15 Kapiteln die Stationen auf dem Leidensweg und verleiht den Ereignissen eine symbolische und ganz persönliche Bedeutung. Ein Buch, das Ihr Herz gewinnt!

Max Lucado

In Schattenzeiten Gott begegnen

Gebunden, 10,5 x 16,5 cm, 120 S.,
Nr. 394.708,
ISBN 978-3-7751-4708-8

Gerade in dunklen Zeiten will Gott uns seine Nähe spüren lassen. Einfühlsam weist Lucado auf die Möglichkeit des Gebets hin. Beten hilft, Furcht und Zweifel loszulassen und sich zu Gott auszustrecken, der alles unter Kontrolle hat. Sein Licht macht Schattenzeiten hell.

Bitte fragen Sie in Ihrer Buchhandlung nach diesen Büchern!
Oder schreiben Sie an: SCM Hänssler,
D-71087 Holzgerlingen; E-Mail: info@scm-haenssler.de